Deutsche Wortfelder für den Sprachunterricht
Verbgruppen

Herbert Schreiber · Karl-Ernst Sommerfeldt · Günter Starke

Deutsche Wortfelder für den Sprachunterricht

Verbgruppen

Verlag Enzyklopädie Leipzig

Wir danken Olaf Lang für die Mitarbeit an diesem Titel.

Schreiber, Herbert:
Deutsche Wortfelder für den Sprachunterricht : Verbgruppen/Herbert Schreiber; Karl-Ernst Sommerfeldt; Günter Starke. – 2. korr. Aufl. – Leipzig: Verlag Enzyklopädie, 1990 – 134 S.
ISBN 3-324-00146-3
NE: Sommerfeldt, Karl-Ernst;, Starke, Günter:

ISBN 3-324-00146-3
2., korrigierte Auflage
© VEB Verlag Enzyklopädie Leipzig, 1990
Verlagslizenz-Nr. 434-130/97/90
Printed in the German Democratic Republic
Lichtsatz: INTERDRUCK Graphischer Großbetrieb Leipzig, Betrieb der ausgezeichneten Qualitätsarbeit – III/18/97
Druck und Einband: IV/10/5 Druckhaus Freiheit Halle (Saale)
Einbandgestaltung: Rolf Kunze, Großpösna
LSV 0814
Best.-Nr.: 577 950 5
00700

Inhaltsverzeichnis

Wortfelder im Sprachunterricht 7

Abkürzungen und Zeichen 12

Verzeichnis der Wortfelder 13

    Verben des Geschehens 13
    Verben des Zunehmens 21
    Verben der Übereinstimmung und Verschiedenheit 28
    Verben des Mitteilens 37
    Verben des Argumentierens 47
    Verben der Zustimmung 52
    Verben des Leitens 60
    Verben des Zusammenkommens 70
    Verben der sinnlichen Wahrnehmung 77
    Verben der Nahrungsaufnahme 91
    Verben des Produzierens 100
    Verben des Reinigens 107

Lösungen zu den Übungen 120

    Verben des Geschehens 120
    Verben des Zunehmens 120
    Verben der Übereinstimmung und Verschiedenheit 121
    Verben des Mitteilens 122
    Verben des Argumentierens 122
    Verben der Zustimmung 123
    Verben des Leitens 124
    Verben des Zusammenkommens 125
    Verben der sinnlichen Wahrnehmung 125
    Verben der Nahrungsaufnahme 127
    Verben des Produzierens 127
    Verben des Reinigens 128

Literaturverzeichnis 130

Register 132

Wortfelder im Sprachunterricht

1. Zur Einführung in die Wortfelder für den Sprachunterricht

Die Zielstellung des Sprachunterrichts läßt sich umreißen mit Vermitteln von Wissen, Bewußtmachen von sprachlichen Gesetzmäßigkeiten und Befähigen zur sprachlichen Tätigkeit. Denn ohne eine solide Wissensvermittlung ist keine brauchbare Erkenntnisgewinnung und erst recht keine angemessene und ansprechende kommunikative Leistung möglich. Oder anders ausgedrückt: Der kommunikativ orientierte Sprachunterricht zielt auf eine vielfältige und differenzierte Sprachproduktion, die auf der bewußten Auswahl sprachlicher Mittel hinsichtlich ihrer Möglichkeiten im Kommunikationsprozeß basiert.

Insofern kommt der Arbeit am Wortschatz im Sprachunterricht eine besondere Bedeutung zu, ist doch der Sprachlehrer u. a. bemüht, in Verbindung mit der Wortschatzvermittlung dem Lernenden zu verdeutlichen, wie der Wortschatz strukturiert ist, wodurch und wie sich der Wortschatz verändert, welche paradigmatischen und syntagmatischen Beziehungen im Wortschatz bestehen, wodurch diese Beziehungen konstituiert oder verhindert werden. Der Lernende soll befähigt werden, aus der Fülle des sprachlichen Angebots jene sprachlichen Einheiten auszuwählen, die am besten geeignet sind, das von ihm Beabsichtigte situationsadäquat auszudrücken.

Die Vielschichtigkeit des Wortschatzes und die Mehrdeutigkeit der sprachlichen Einheiten erschweren dieses Bemühen. Es gilt also, Wege zu finden, um den Reichtum der Sprache möglichst vollständig zu erschließen, um zu den Feinheiten der Sprache vorzudringen und um die sprachlichen Nuancierungen und Differenzierungen zu erfassen.

Einen solchen Weg sehen wir in der Beschäftigung mit sprachlichen Feldern, insbesondere mit Wortfeldern. Unter einem Wortfeld verstehen wir ein lexikalisches Subsystem, das von sprachlichen Einheiten gebildet wird, die auf paradigmatischer Ebene bedeutungsverwandt sind, einerseits gemeinsame Seme besitzen, sich andererseits aber durch Oppositionsseme oder durch spezielle Seme, die nur mit bestimmten Semen anderer Lexeme kompatibel sind, voneinander unterscheiden (vgl. Dt. Sprache 1983, 295f.).

Wortfelder ermöglichen u. E. am besten, die vielfältigen Beziehungen zwischen den sprachlichen Einheiten zu verdeutlichen: die Gemeinsamkeiten und die Unterschiede, den Grad der Überordnung und der Unterordnung, die Art des Aufeinanderbezogenseins und der gegenseitigen Bedingtheit, die Zugehörigkeit zu Zentrum oder Peripherie des Wortschatzes, das Übergreifen in Nachbarfelder usw. Zugleich bieten die Wortfelder unter didaktischem Aspekt eine Möglichkeit der Ordnung und Systematisierung des Wortschatzes als Voraussetzung für seine

Aneignung durch den Lernenden. Die gegliederte Aufbereitung der zu erlernenden Lexik und das Bewußtmachen der die Bedeutung bedingenden sprachlichen Regularitäten sind wesentliche Momente für den Lernprozeß. Und der Förderung des Lernprozesses fühlen wir uns mit unseren Darlegungen verpflichtet.

Auf eine Erörterung des Feldbegriffes muß hier aus Platzgründen verzichtet werden; verwiesen sei auf SOMMERFELDT/STARKE (1984) und SCHIPPAN (1984).

2. Wörterbücher neuen Typs

In den letzten Jahren wurde wiederholt darauf hingewiesen, daß die vorhandenen einsprachigen Bedeutungswörterbücher den gestiegenen Informationsbedürfnissen der Benutzer nicht mehr voll gerecht werden können. Es wurden Vorstellungen unterbreitet, wie neue Wörterbücher mit aussagekräftigeren Bedeutungserklärungen und ausführlicheren Angaben zu den Gebrauchsbedingungen der Wörter aussehen sollten (vgl. PROJEKTGRUPPE VERBVALENZ 1981, AGRICOLA 1982, VIEHWEGER 1982 und 1983, HELBIG 1983).

VIEHWEGER (1983, 265) ordnet die bisherigen Vorschläge zur Verbesserung der lexikographischen Arbeiten in drei Gruppen und führt als Beispiel für ein „Wörterbuch neuen Typs" das „Erklärend-kombinatorische Wörterbuch" an, das er folgendermaßen charakterisiert:

„Theoretisches Fundament dieses Projekts ist die in der Semantiktheorie weit verbreitete Annahme, daß sich Bedeutungen von Wortschatzelementen (Sememe) aus semantischen Merkmalen (Seme, semantische Multiplikatoren, lexikalische Parameter u. a.) konstituieren, auf deren Grundlage sich sowohl die paradigmatischen semantischen Relationen von Wortschatzelementen sowie die zwischen lexikalischen Paradigmen einerseits als auch die syntagmatischen semantischen Relationen zwischen Wortschatzelementen andererseits explizit beschreiben lassen. Ein erklärend-kombinatorisches Wörterbuch ist kein alphabetisch geordnetes Bedeutungswörterbuch, sondern ein Wörterbuch, dessen Aufbau- und Organisationsprinzipien prinzipiell die semantischen Struktur- und Funktionsprinzipien des Wortschatzes reflektieren ..."

HELBIG (1983, 137) fordert für ein Wörterbuch die „Integrierung der Eigenschaften, die früher meist isoliert von den Modellen der semantischen Merkmalsanalyse, der syntaktischen Valenz und der semantischen Valenz aufgedeckt und beschrieben worden sind." Dabei handelt es sich um „Informationen auf 6 verschiedenen Stufen":

Stufe 1 – Angabe der logischen Struktur des Prädikats (Angabe der Anzahl der Argumente des Prädikats)
Stufe 2 – Angabe der inhärenten semantischen Merkmale des Prädikats (valenzrelevante und valenzirrelevante Merkmale)
Stufe 3 – Angabe der semantischen Kasus der betreffenden Verben
Stufe 4 – Referentiell-semantische Charakterisierung der Argumente der Verben
Stufe 5 – Angaben zur syntaktischen Valenz der Verben (Angabe des Satzglied-

wertes der Substantive und der morphologischen Repräsentation der Satzglieder)

Stufe 6 — Angabe der Zahl der Aktanten und ihrer valenzbedingten Art (obligatorisch oder fakultativ).

3. Zur Beschreibung der Wortfelder

Ausgehend von diesen Überlegungen haben wir versucht, 12 Verbgruppen unter linguistischem und methodischem Aspekt zu beschreiben. Die Beschränkung auf Verben erfolgte aus Platzgründen. Analoge Beschreibungen von Substantiven und Adjektiven sind vorgesehen.

Kriterien für die Auswahl der Verben waren die Bedeutsamkeit im Kommunikationsprozeß, die Häufigkeit des Vorkommens, die oft geringe semantische Differenzierung, aber auch die Erfahrungen in der Arbeit mit Deutsch lernenden Ausländern und die Möglichkeit zur Bildung überschaubarer Gruppen.

Damit wird zugleich die Zielstellung dieser Ausarbeitung gekennzeichnet. Uns geht es darum, die semantische Breite des Wortschatzes zu verdeutlichen, die Feinheiten des Wortschatzes bewußtzumachen, die Möglichkeiten der semantischen Variierung aufzuzeigen, die sprachlichen Einheiten voneinander abzuheben und das wechselseitige Bedingtsein der sprachlichen Einheiten aufgrund ihrer semantischen Struktur und ihrer syntaktischen Verwendung herauszuarbeiten. Wir wenden uns also in erster Linie an den Deutsch lernenden Ausländer mit guten Sprachkenntnissen, dem es um Bewußtmachen sprachlicher Zusammenhänge und um erweiterte sprachliche Differenzierung beim Gebrauch bedeutungsähnlicher Wörter geht. Doch auch der sprachlich interessierte Muttersprachler kann Anregungen für vertiefende Beschäftigung mit seiner Muttersprache erhalten.

Jedes Wortfeld besteht aus drei Teilen: der linguistischen Beschreibung, den Übungen und den Lösungen.

Die linguistische Beschreibung eines Wortfeldes umfaßt drei Abschnitte:

- kurze Bestimmung des jeweiligen Feldes (Angabe der semantischen Invarianten, Kennzeichnung der Distribution, Angabe der Wertigkeit/Stelligkeit)
- gegliederte Übersicht über das Wortfeld (Gruppenbildung nach differenzierenden Semen)
- detaillierte Beschreibung der einzelnen Verben.

Für die Beschreibung der einzelnen Verben haben wir Helbigs Modell aus didaktischen Gründen wie folgt abgewandelt:

- Nennen des Verbs mit seinen Stammformen (Infinitiv, Präteritum, Partizip Perfekt + temporales Hilfsverb)

    beweisen (bewies, hat bewiesen)

- Angabe der Zahl der Argumente/Aktanten in einem Mustersatz

    Der Lehrer (a) bewies den Schülern (b) die Richtigkeit (c) der Hypothese.

- Kennzeichnung der Kernsemantik mit Hilfe von Semen
  ‚Richtigkeit, Wahrheit von Sachverhalten zur Kenntnis bringen'
- Beschreibung der Argumente/Aktanten hinsichtlich
  - des semantischen Kasus
  - der referentiell-denotativen Semantik
  - der morphologischen Gestalt
  - der Obligatheit (ohne Klammer) bzw. der Fakultativität (mit Klammer)

  a – Täter/Mensch (Kollektiv)/Sn
  (b) – Adressat/Mensch (Kollektiv)/Sd
  c – Mitteilungsinhalt/Sa, NS (daß), Inf

- Angabe von Beispielsätzen zur Verdeutlichung der möglichen Besetzung der Leerstellen.

Stilistische Markierungen werden nur dann gegeben, wenn sie zur Differenzierung erforderlich sind. Sie erscheinen dann hinter der Kennzeichnung der Kernsemantik. Bei bestimmten Verbgruppen (z. B. Verben des Geschehens, des Zusammenkommens) können Adverbialbestimmungen als notwendige Valenzpartner auftreten, z. B.

Die wissenschaftliche Tagung läuft *planmäßig* ab.
Die Trauerfeier findet *am kommenden Dienstag* statt.
Die Demonstrationsteilnehmer sammelten sich *auf dem Marktplatz*.

Diese Valenznotwendigkeit der Adverbialbestimmung beruht auf der geringen Eigensemantik dieser Verben und wird bedingt durch die Stellung des Subjekts im Satz.

„Wenn das Subjekt thematisiert ist, kann neue Information (das Thema) nur vom Rest des Satzes erwartet werden. Der Mangel an Eigensemantik macht das Verb untauglich dafür, Rhema zu sein (ähnlich wie bei den Pronomina). In diesem Falle ist eine Ergänzung notwendig, die etwas über die Umstände des im Subjekt genannten Vorgangs sagt, sei es eine lokale oder temporale Einordnung des Vorgangs, eine Angabe der Ursache für seine Realisierung o. ä. Die Ergänzung kann nur durch nicht-valenznotwendige Satzglieder erfolgen. Objekte sind also bei diesen intransitiven Verben ausgeschlossen, dsgl. Richtungsbestimmungen. Ist dagegen das Subjekt rhematisiert, dann genügt die in Subjekt und Verb gegebene Information, daß ein Vorgang oder ein Ereignis realisiert ist. Ergänzungen sind nicht notwendig." (GRUNDZÜGE 1984, 427)

Bezogen auf diese Valenzpartner (= syntaktische Aktanten), die nicht semantisch motiviert sind, sondern in den kommunikativ-pragmatischen Bereich gehören, sprechen wir von Stelligkeit. Unter Wertigkeit verstehen wir die semantisch motivierten Argumente.

An jedes Wortfeld schließen sich verschiedenartige Übungen an – von Einsetz-, Ersatz-, Systematisierungs- und Zuordnungsübungen über Übungen zur Wortbildung, zum Tempus, zur Wortstellung bis hin zu Übungen zur Wertung der semantischen Verträglichkeit, zur Korrektur der semantischen Unverträglichkeit und zur semantischen Differenzierung. Diese Übungen können zur Festigung und Erweiterung des Wissens, zum Testen des Sprachkönnens und als Anregung zum

Nachschlagen genutzt werden. Die Übungen unterscheiden sich im Schwierigkeitsgrad voneinander. Es gibt Übungen, die auch von Lernenden mit geringen Sprachkenntnissen mit Gewinn gelöst werden können, wenn ein intensives Durcharbeiten des jeweiligen Wortfeldes erfolgt ist. Diese Übungen dienen der Überprüfung und Festigung des erworbenen Wissens. Die Mehrzahl der Übungen soll dem fortgeschrittenen Deutschlernenden verdeutlichen, inwieweit sein sprachliches Können hinsichtlich einer semantischen und stilistischen Differenzierung ausgeprägt ist. Sprachliche Unsicherheit wird ihn veranlassen, sich eingehender mit dem jeweiligen Wortfeld und den dort gegebenen semantischen Beschreibungen der einzelnen Wörter zu beschäftigen. Insofern sind die Übungen einerseits Abschluß, andererseits Beginn intensiver Wortschatzarbeit.

Die Lösungen zu den Übungen werden am Ende des Buches gegeben, so daß der Lernende seine Lösungsversuche überprüfen kann. In den Fällen, in denen mehrere Lösungen möglich sind, wurden sie in der Abfolge ihrer Bedeutsamkeit angeführt.

Abkürzungen und Zeichen

Adj – Adjektiv
Adv – Adverb
adv. – adverbial
Anm. – Anmerkung
geh. – gehoben
Inf – Infinitiv
NS – Nebensatz
NS (daß) – Nebensatz, eingeleitet mit „daß"
NS (ob) – Nebensatz, eingeleitet mit „ob"
NS (w) – Nebensatz, eingeleitet mit w-Fragen (wer, wann, wie ...)
pS – präpositionales Substantiv
pSd – präpositionales Substantiv im Dativ
pS (über) – Substantiv mit der Präposition „über"
 Außer „über" werden noch zahlreiche andere Präpositionen angegeben.
Sa – Substantiv im Akkusativ
Sd – Substantiv im Dativ
Sn – Substantiv im Nominativ
subst. – substantivisch
übertr. – übertragen
umg. – umgangssprachlich
a, b, c – Kennzeichnung der Aktanten im Mustersatz
(b), (c) – Kennzeichnung der Fakultativität auf Stufe 2 der Verbbeschreibung
Ü – Kennzeichnung der Übung im Lösungsteil

Verzeichnis der Wortfelder

Verben des Geschehens

Unter einem Geschehen wird der Ablauf von Vorgängen im allgemeinsten Sinne, die dynamische Abfolge von zeitlich aufeinanderfolgenden Zuständen einer Erscheinung der Wirklichkeit verstanden. Bei den Verben des Geschehens stehen ausnahmslos substantivische Vorgangsbezeichnungen oder Pronomen der 3. Person als Subjekt (Sn). Diese Verben sind also mit Personen- oder Dingbezeichnungen und mit Pronomen der ersten und zweiten Person *nicht* verträglich. Häufig steht bei diesen Verben aus Gründen des Mitteilungswertes der Äußerung außer dem Subjekt eine (semantisch nicht festgelegte) Adverbialbestimmung. Daher sind die meisten Verben des Feldes zweistellig.

Übersicht über das Wortfeld

1. allgemein:
   sich abspielen, sich ereignen, geschehen$_1$, vor sich gehen, passieren$_1$
2. ‚den Beginn des Geschehens kennzeichnend (ingressiv)':
   eintreten, einsetzen
3. ‚das Ende oder Ergebnis des Geschehens betonend (resultativ)':
   sich ergeben, vorfallen, sich vollziehen, sich zutragen
4. ‚merkmalsbetont (mit obligatorischer Merkmalskennzeichnung)':
   ablaufen, verlaufen, vonstatten gehen, zugehen
5. ‚einmaliges und wiederholtes Geschehen differenzierend':
   vorkommen
6. ‚auf menschliches Handeln bezogen':
   erfolgen, stattfinden
7. ‚ein menschliches Patiens treffend' (negative Bewertung):
   geschehen$_2$, passieren$_2$, widerfahren, zustoßen

Beschreibung der Wörter

ablaufen (lief ab, ist abgelaufen)

Die wissenschaftliche Tagung (a) läuft planmäßig (b) ab.

1. ‚Geschehen', ‚Verlauf', ‚hinsichtlich Verlaufsweise charakterisiert'

2. a   – Vorgang/wiederholbares Geschehen/Sn
   (b) – näherer Umstand/Art und Weise/Adj, Adv, pS (modal)
3. Ein Prozeß/(Kultur-)Programm/eine Versuchsreihe/eine Konferenz läuft planmäßig ab. – Die Operation ist reibungslos abgelaufen. Der Verkehr läuft ruhig/ungehindert/ohne Zwischenfälle ab.

sich abspielen   (spielte sich ab, hat sich abgespielt)

Ein erbitterter Kampf (a) spielte sich vor unseren Augen (b) ab.
1. ‚Geschehen', ‚Verlauf', ‚teilweise nicht näher bestimmt'
2. a   – Vorgang/wiederholbares Geschehen/Sn
   (b) – näherer Umstand/Zeit, Ort, Grund/pS, Adv, NS
3. Ein Drama/eine Tragödie/ein Streit/eine Katastrophe spielte sich ab. – Im Reagenzglas/in der Pilotanlage/vor unseren Augen spielten sich bisher nie beobachtete Vorgänge ab. Was glaubst du, was sich abspielte, als dem Jungen der Besuch der Disko verboten wurde?

Anmerkung:
Da spielt sich (gar) nichts ab (feste Wendung, Ausdruck entschiedener Ablehnung).

sich begeben   (begab sich, hat sich begeben)

Es soll sich etwas ganz Außerordentliches (a) während der Feier (b) begeben haben.
1. ‚Geschehen', ‚Verlauf', ‚bedeutungsvoll'/geh./
2. a   – Vorgang/Geschehen, ungewöhnliche Eigenschaft/Sn, NS (daß)
   (b) – näherer Umstand/Zeit, Ort/pS, Adv
3. In dem Märchen begab sich eine überraschende Wendung.
   Es begab sich, daß ein Augustinermönch gegen den Ablaß auftrat. – Dies begab sich vor fünf Jahrhunderten/in einem fernen Land.

einsetzen   (setzte ein, hat eingesetzt)
= eintreten

eintreten   (trat ein, ist eingetreten)

Der Tod (a) des Verunglückten trat nach Mitternacht (b) ein.
1. ‚Geschehen', ‚Beginn kennzeichnend'
2. a   – Vorgang/Geschehen (zeitlich eng begrenzt)/Sn
   (b) – näherer Umstand/Zeit, Art und Weise/pS, Adj, Adv
3. Kälte/Frost/lähmende Stille/Schweigen/eine verlegene Pause/Tauwetter trat ein. – Unerwartet/überraschend trat eine leichte Besserung ein. Der Erfolg trat erst nach großen Anstrengungen ein.

sich ereignen (ereignete sich, hat sich ereignet)

Ein schwerer Verkehrsunfall (a) ereignete sich auf dem Berliner Ring (b).
1. ‚Geschehen', ‚Verlauf', ‚zeitlich begrenzt', ‚bedeutungsvoll'
2. a – Vorgang / wiederholbares Geschehen / Sn, NS (daß)
   (b) – näherer Umstand / Zeit, Ort, Situation / pS, Adv, NS
3. Der Zwischenfall / der Mord / der Vorfall ereignete sich, als ... Mitten im Wald ereignete es sich, daß sich plötzlich eine Radmutter löste. – Wann / wo / unter welchen Umständen hat sich das / dieser Vorfall ereignet? Das Verbrechen ereignete sich bei Eintritt der Morgendämmerung.

erfolgen (erfolgte, ist erfolgt)

Die Steuerung (a) des Transportraumschiffes erfolgt automatisch (b).
1. ‚Geschehen', ‚Vollzug', ‚auf menschliches Handeln bezogen', ‚zeitlich begrenzt'
2. a – Vorgang / wiederholbare Tätigkeit / Sn
   (b) – näherer Umstand, Täter / keine Selektionsbeschränkungen / pS, Adj, Adv, NS
3. Die Eröffnung der Ausstellung / die Auszahlung der Löhne / die Vollstreckung des Urteils / der Start des Wetterballons ist erfolgt. – Die Auszeichnung der Preisträger erfolgt am kommenden Sonntag / im Palast der Republik / in festlichem Rahmen / durch den Minister.

Anmerkung:
(b) ist nur bei Perfektformen des Verbs entbehrlich.

sich ergeben (ergab sich, hat sich ergeben)

Eine lebhafte Diskussion (a) ergab sich nach dem Referat (b).
1. ‚Geschehen', ‚Ergebnis oder Folge betonend', ‚verursacht'
2. a – Vorgang / abgeschlossenes Geschehen / Sn, NS (daß)
   (b) – näherer Umstand / Grund, Zeit, Begleitbedingung / pS, Adv
3. Dabei / es ergaben sich große Schwierigkeiten / neue Möglichkeiten / keine weiteren Fragen / ungeahnte Perspektiven. Aus alledem ergibt sich, daß ich noch heute abreisen muß. – Aus dem Gespräch ergeben sich zwingende Schlußfolgerungen. Am Abend ergab sich eine günstige Gelegenheit. Bei der Begegnung ergab sich ein Gesprächsanlaß.

*geschehen*₁ (geschah, ist geschehen)

Ein solches Naturereignis (a) geschieht nicht alle Tage (b).
1. ‚Geschehen', ‚Verlauf', ‚durch oder ohne menschliches Handeln'
2. a – Vorgang / Geschehen (Vorgang, Tätigkeit) / Sn, NS (daß)
   (b) – näherer Umstand / Zeit, Ort, Art und Weise, Grund / pS, Adv, NS
3. Ein Unglück ist geschehen. In Worms geschah es, daß Luther den Widerruf

seiner Lehre verweigerte. – Die Gewinnung des Kupfers geschieht durch Elektrolyse. Wie konnte es geschehen, daß das Kind unter die Räder kam? Beim Kindergeburtstag geschieht so mancherlei, um die Kleinen zu erfreuen.

Anmerkung:
Es geschehen noch Zeichen und Wunder (feste Wendung, Ausdruck der Überraschung).

*geschehen*₂ (geschah, ist geschehen)

Ein großes Unrecht (a) ist dem Beschwerdeführer (b) geschehen.

1. ‚Geschehen‘, ‚Vollzug‘, ‚einer Person schadend‘, negative Bewertung
2. a – Vorgang / negatives Merkmal (Abstraktum) / Sn
   b – Betroffener / Mensch (Kollektiv) / Sd
3. Ihm ist nichts Böses / etwas Ärgerliches / Unvorhergesehenes geschehen. – Dem Jungen / den Eltern / der Mannschaft geschieht das (ganz) recht.

*passieren*₁ (passierte, ist passiert)

Der Unfall (a) passierte vor meinen Augen (b).

1. ‚Geschehen‘, ‚Vollzug‘, ‚unangenehm‘ / umg. /
2. a – Vorgang / Geschehen, negatives Merkmal / Sn
   (b) – näherer Umstand / Zeit, Art, Bedingung / pS, Adv
3. Es ist etwas Furchtbares / Schreckliches / Entsetzliches / Ärgerliches passiert. – Ein solches Mißgeschick passiert zum Glück selten. Wie konnte das passieren? Wenn du nicht hörst, (dann) passiert etwas.

Anmerkung:
Da muß etwas passieren (feste Wendung: ‚die Umstände erfordern, daß etwas unternommen wird‘).

*passieren*₂ (passierte, ist passiert)

So ein Malheur (Mißgeschick) (a) kann jedem (b) einmal passieren.

1. ‚Geschehen‘, ‚Vollzug‘, ‚ein menschliches Patiens treffend‘, negative Bewertung / umg. /
2. a – Vorgang / negatives Merkmal (Abstraktum) / Sn
   b – Betroffener / Person / Sd
3. Ihm ist ein Mißgeschick / etwas Unvorhergesehenes / etwas Unangenehmes passiert. – Paß gut auf, daß dem Kind nichts passiert. Dem Lehrling kann nichts passieren, wenn er alle Anordnungen befolgt.

stattfinden (fand statt, hat stattgefunden)

Die Exkursion (a) findet kommenden Freitag (b) statt.

1. ‚Geschehen‘, ‚Verlauf‘, ‚auf menschliches Handeln bezogen‘

2. a – Vorgang/Ereignis (im menschlichen Leben)/Sn
   (b) – näherer Umstand/Zeit, Ort, Grund/Sa, pS, Adv, NS
3. Die Exkursion/Konferenz/Versammlung/das Fest findet nicht statt. – Die Trauerfeier findet morgen in der Friedhofskapelle statt. Die Versteigerung findet nur statt, wenn das Gericht sie genehmigt.

verlaufen (verlief, ist verlaufen)

Die Menschheitsentwicklung (a) verläuft gesetzmäßig (b).

1. ‚Geschehen', ‚Verlauf', ‚hinsichtlich Verlaufsweise oft charakterisiert'
2. a – Vorgang/Geschehen/Sn
   b – näherer Umstand (Vorgangsmerkmal)/Art und Weise/pS, Adj
3. Die Operation/die Demonstration/die Verhandlung verläuft planmäßig. – Die Krankheit verläuft tödlich. Seine Bemühungen sind erfolgreich/ergebnislos verlaufen. Denkprozesse verlaufen immer zusammen mit der Sprache. Wie ist das Fest verlaufen?

sich vollziehen (vollzog sich, hat sich vollzogen)

Ein sozialökonomischer Wandel (a) hat sich in vielen Staaten (b) Afrikas vollzogen.

1. ‚Geschehen', ‚Verlauf', ‚das Ende, Ergebnis betonend'
2. a – Vorgang/abgeschlossenes Geschehen/Sn
   b – näherer Umstand/Art und Weise, Ort, Zeit/pS, Adj, Adv
3. Der Vorgang/Prozeß/die Entwicklung/Veränderung vollzieht sich gesetzmäßig. – Die Übergabe des Stafettenstabes vollzog sich reibungslos. Über Nacht hat sich ein Klimawechsel vollzogen.

vorfallen (fiel vor, ist vorgefallen)

Es ist etwas Unangenehmes (a) vorgefallen.

1. ‚Geschehen', ‚das Ende, Ergebnis betonend', ‚inhaltlich unbestimmt', ‚unangenehm', ‚von Menschen nicht beeinflußbar'
2. a – Vorgang/Indefinit- oder Interrogativpronomen (+ subst. Merkmalsbezeichnung)/Sn
3. Was ist vorgefallen? Wenn etwas vorfällt, gebe ich Bescheid. Sie verhielt sich so, als sei nichts (Besonderes) vorgefallen.

vorgehen/vor sich gehen (ging vor, ging vor sich/ist vorgegangen, ist vor sich gegangen)

Etwas Geheimnisvolles (a) geht hier (b) vor (sich).

1. ‚Geschehen', ‚Verlauf', ‚inhaltlich unbestimmt'

2. a – Vorgang / Indefinit- oder Interrogativpronomen (+ subst. Merkmalsbezeichnung) / Sn
   b – näherer Umstand / Ort, Zeit, Person / pS, Adv
3. Was geht hier vor? Aus der Zeitung erfährt man, was (Besonderes) in der Welt vorgeht / vor sich geht. In dem Jungen / mit dem Jungen ist eine Veränderung vorgegangen / vor sich gegangen.

vonstatten gehen (ging vonstatten, ist vonstatten gegangen)
= verlaufen

vorkommen (kam vor, ist vorgekommen)

Auseinandersetzungen (a) dieser Art kommen häufig (b) vor.

1. ‚Geschehen‘, ‚das Ergebnis betonend‘, ‚einmalig oder wiederholt‘
2. a – Vorgang / Geschehen / Sn, NS (daß)
   (b) – näherer Umstand / Häufigkeit, Ort / Adv, Sa (adv.)
3. Solch ein Fall / Fehler / Irrtum kommt nicht selten vor. Es kommt vor, daß Wölfe tagelang auf Nahrungssuche sind. Das / so etwas darf nicht wieder / noch einmal vorkommen.

Anmerkung:
Das kommt in den besten Familien vor (feste Wendung: ‚das ist nicht so schlimm‘); daß (mir) das nicht noch einmal vorkommt (kommunikative Formel, entschiedene Warnung).

widerfahren (widerfuhr, ist widerfahren)

Eine unerwartete Freude (a) ist meinem Jungen (b) widerfahren.

1. ‚Geschehen‘, ‚Vollzug‘, ‚ein menschliches Patiens treffend‘ / geh. /
2. a – Vorgang / Geschehen, Merkmal / Sn
   b – Betroffener / Mensch (Kollektiv, Institution) / Sd
3. Den Gefangenen widerfährt eine außerordentlich gute Behandlung. Ihnen muß Gerechtigkeit widerfahren. – Dem Verurteilten ist ein Justizirrtum widerfahren. Der Familie ist schweres Leid widerfahren. Der Stadt ist großes Unheil widerfahren.

zugehen (ging zu, ist zugegangen)

Auf einer Silvesterfeier (a) geht es lustig (b) zu.

1. ‚Geschehen‘, ‚Verlauf‘, ‚merkmalsbetont‘
2. a – Situation / Geschehen, Ort (Bereich) / pS, Adv
   b – Merkmalscharakterisierung / Eigenschaft / Adj, pS
3. Bei diesem Handel geht es ehrlich / reell zu. In dieser Familie geht es ärmlich / sparsam / üppig zu. Auf der Disko geht es lebhaft zu.

Anmerkung:
Das geht (doch) nicht mit rechten Dingen zu (feste Wendung: ‚Geschehen verläuft nicht norm-, erwartungsgemäß').

zustoßen (stieß zu, ist zugestoßen)
Ein peinliches Mißgeschick (a) ist meiner Schwester (b) zugestoßen.
1. ‚Geschehen', ‚Vollzug', ‚ein menschliches Patiens treffend', negative Bewertung
2. a – Vorgang / Geschehen, Merkmal / Sn
   b – Betroffener / Mensch / Sd
3. Dem Chemiker ist ein Unglück zugestoßen. Die Tochter ist besorgt, daß dem Vater auf der Reise etwas zugestoßen sein könnte.

sich zutragen (trug sich zu, hat sich zugetragen)
Das Zugunglück (a) hat sich an dieser Stelle (b) zugetragen.
1. ‚Geschehen', ‚Verlauf', ‚bedeutungsvoll'
2. a – Vorgang / Geschehen, Merkmal / Sn
   b – näherer Umstand / Art und Weise, Ort, Zeit / pS, Adv
3. Dieser Zwischenfall hat sich kurz vor Arbeitsschluß zugetragen. Unerhörtes hat sich zugetragen. – Trug sich die Auseinandersetzung so zu, wie Paul berichtet hat? Was hat sich gestern zugetragen?

Übungen

1. *sich abspielen – sich begeben – sich ereignen – geschehen₁ – passieren₁,₂ – zustoßen*
   Welches Verb wählen Sie?

   1) Gestern ... ein schwerer Verkehrsunfall.
   2) Diese Szene ... in einem Moskauer Filmstudio ...
   3) Weshalb diese Aufregung, was ist denn ...?
   4) Kannst du mir erklären, wie dieses Unglück ... konnte?
   5) Meiner Freundin ist gestern ein nicht alltägliches Mißgeschick ...
   6) Fritz ist noch nicht zu Hause, ihm wird doch nichts ... sein.
   7) Es ... in einer Augustnacht vor zwanzig Jahren.
   8) Es ist mir schon mehrmals ..., daß ich von wildfremden Menschen mit „Oma" angesprochen wurde.
   9) Das, was ich insgeheim befürchtet hatte, ist ...
   10) Es ... zu jener Zeit, daß junge Mädchen und Frauen in Kasachstan sich nur verschleiert auf der Straße zeigen durften.

2. *erfolgen – stattfinden – sich vollziehen – vonstatten gehen – vor sich gehen – vorkommen*
Welches Verb wählen Sie?

1) Die Bewerbung zum Studium ... an der Hochschule mit der gewünschten Studienrichtung.
2) Die Hautpflege junger Känguruhs ... im Beutel der Mutter.
3) Die Uraufführung der neuen Oper ... nächste Woche ...
4) Solche Auseinandersetzungen ... zwischen Mann und Frau öfter ...
5) Internationale Prozesse ... mit zunehmender Geschwindigkeit.
6) Unterschiedliche Probleme treten auf, je nachdem die Prüfung mündlich oder schriftlich ...
7) Am 10. November 1945 ... die Gründung des Weltbundes der Demokratischen Jugend (WBDJ).
8) Die Umstellung auf den neuen Schiffstyp ... nicht ohne Schwierigkeiten.
9) Solch ein Vergnügen ... nicht alle Tage ...
10) Nach der Befruchtung des Eis ... die Zellteilung in Sekundenschnelle.

3. *ablaufen – verlaufen – widerfahren – zugehen – zustoßen*
Welches Verb wählen Sie?

1) Hast du einmal miterlebt, wie es auf einer Schülerdisko ...?
2) Eine Netzhautablösung ... oft stark kurzsichtigen Menschen.
3) Der Genesungsprozeß des Patienten ... erwartungsgemäß.
4) Den Kindern wird doch beim Schlittschuhlaufen nichts ... sein.
5) Die schwierige Operation ist ohne Komplikationen ...
6) Ob das mit rechten Dingen ..., daß er überall Erfolg hat?
7) Du hast Glück gehabt, alles ist noch einmal gut ...
8) In unserem Land soll jedem Bürger Gerechtigkeit ...
9) In kinderreichen Familien ... es natürlich lebhaft ...
10) Wenn dem Kind ein Unglück ..., werden sich die Eltern ihr Leben lang Vorwürfe machen.

4. Beurteilen Sie, ob das Verb in den folgenden Sätzen durch die in den Klammern stehenden Verben ersetzt werden kann! Achten Sie auf die richtige Bildung des Perfekts!

1) Wie hat sich der Kampf abgespielt? (vor sich gehen, sich zutragen)
2) Ein solches Mißgeschick kann jedem passieren. (widerfahren)
3) Gestern hat die Vermählung meiner Tochter stattgefunden. (erfolgen, sich vollziehen)
4) In den Mittagsstunden ist in einigen Gebirgstälern Tauwetter eingetreten. (erfolgen, vorfallen)
5) Ein solches Unglück geschieht nicht alle Tage. (sich ereignen, passieren)
6) Die Reise ist ohne Zwischenfälle verlaufen. (ablaufen, sich abspielen, vonstatten gehen)
7) Den Eltern meines Freundes ist großes Unrecht widerfahren. (geschehen, passieren, zustoßen)
8) Die Urnenbeisetzung findet Donnerstag 14 Uhr auf dem Waldfriedhof statt. (erfolgen, sich vollziehen)

9) Die Entwicklung junger Menschen vollzieht sich nicht konfliktlos. (verlaufen, stattfinden)
10) Bei dem Hotelbrand müssen sich furchtbare Szenen abgespielt haben. (sich ereignen, sich zutragen)

5. Beurteilen Sie die semantische Verträglichkeit von Verb und Aktanten in den folgenden Sätzen!
Korrigieren Sie die semantische Unverträglichkeit!

1) Im Befinden des Kranken hat eine Besserung stattgefunden.
2) Der Meinungsaustausch zwischen den Politikern ereignete sich in einer herzlichen Atmosphäre.
3) Gestern ging die Schlüsselübergabe an den Direktor vor sich.
4) Dieser Vorfall soll in folgender Weise vonstatten gegangen sein.
5) Die Annäherung der Völker ereignet sich unter Beachtung nationaler Besonderheiten.
6) Die Tätigkeit der Stadtverwaltung erfolgt in enger Zusammenarbeit mit den gesellschaftlichen Kräften.

6. Ersetzen Sie *geschehen* durch ein passendes Verb des Wortfeldes!

1) Die Immatrikulation der neuen Studenten geschieht am Sonntag.
2) Der menschliche Erkenntnisprozeß geschieht in Wechselwirkung mit der gesellschaftlichen Tätigkeit.
3) Zwischen den Nachbarn ist ein heftiger Streit geschehen.
4) Gestern geschah an unserer Oper eine glänzende Premiere.
5) Bei meinem Freund ist ein innerer Wandel geschehen.

Verben des Zunehmens

Unter *Zunehmen* wird die Erweiterung eines Sachverhalts ohne direkte menschliche Einwirkung verstanden. Der Zustand eines Sachverhalts verändert sich.
Diese Verben sind einwertig.

Übersicht über das Wortfeld

1. allgemein:
   zunehmen;
   dicker / stärker / größer / zahlreicher / bedeutender werden
2. ,Vergrößerung im Umfang':
   anschwellen₁, anwachsen, sich erhöhen

3. ‚Vergrößerung in der Höhe':
   ansteigen, steigen
4. ‚Vergrößerung in der Fläche':
   sich ausdehnen$_1$, sich ausweiten$_1$
5. ‚Vergrößerung in der Menge':
   sich vermehren, zunehmen$_1$
6. ‚Vergrößerung in der Zeit':
   sich ausdehnen$_2$
7. ‚Vergrößerung im Gewicht':
   zunehmen$_3$
8. ‚Vergrößerung in der Wirksamkeit/Intensität':
   anschwellen$_2$, sich ausweiten$_2$, sich verdichten, sich verstärken, zunehmen$_2$

Beschreibung der Wörter

anschwellen$_1$ (schwoll an, ist angeschwollen)

Nach dem langen Marsch waren seine Füße (a) angeschwollen.
1. ‚Prozeß', ‚Veränderung des Zustandes', ‚Vergrößerung im Umfang'
2. a – Vorgangsträger/Körperteil, fließendes Gewässer, Material für Tätigkeit/Sn
3. Nach dem Wespenstich schwoll die Hand/die Wange an. Er war so erregt, daß die Adern auf seiner Stirn anzuschwellen begannen. Nach dem Wolkenbruch schwollen die Flüsse stark an. Der Stoß unbeantworteter Briefe/die noch zu erledigende Arbeit schwoll von Woche zu Woche mehr an.

anschwellen$_2$ (schwoll an, ist angeschwollen)

Der Lärm (a), der von der Straße ins Zimmer drang, schwoll immer mehr an.
1. ‚Prozeß', ‚Veränderung des Zustandes', ‚Vergrößerung in der Intensität'
2. a – Vorgangsträger/Geräusch/Sn
3. Der Gesang/die Musik/der Ton schwillt an. Das Gemurmel in der Klasse/der Lärm schwoll an. Obwohl sie ruhig bleiben wollte, schwoll ihre Stimme immer mehr an. Der Donner schwoll an, da das Gewitter näher kam. Das Geheul der Sirenen schien anzuschwellen.

ansteigen   (stieg an, ist angestiegen)

Trotz des tagelangen Regens stieg das Wasser (a) im Fluß nur langsam an.
1. ‚Prozeß', ‚Veränderung des Zustandes', ‚Vergrößerung in der Höhe/im Ausmaß'
2. a – Vorgangsträger/Flüssigkeit, Temperatur, Vorgang/Sn
3. Der Wasserstand/-spiegel steigt bedrohlich weiter an. Das Fieber stieg auf

40 Grad an. Die Mittagstemperatur steigt auf 30 Grad an. Der Absatz/der Umsatz / der Verbrauch/ die Produktion ist unterschiedlich schnell angestiegen.

anwachsen (wuchs an, ist angewachsen)
Da sie sehr anspruchslos waren, wuchsen ihre Ersparnisse (a) rasch an.
1. ‚Prozeß', ‚Veränderung des Zustandes', ‚Vergrößerung im Umfang'
2. a – Vorgangsträger/Finanzmittel, Stückzahl, Material für Tätigkeit, Vorgang/Sn
3. Die Einnahmen/die Zinsen/seine Schulden/ihre Ausgaben sind angewachsen. Ihr Konto/das Sparguthaben wuchs schnell an. Die Besucherzahl/die Mitgliederzahl ist im letzten Jahr stark angewachsen. Die Arbeit/das Untersuchungsmaterial ist ständig angewachsen. Von Tag zu Tag wuchs der Protest der Bevölkerung/der Tumult auf den Straßen mehr an.

*sich ausdehnen*₁ (dehnte sich aus, hat sich ausgedehnt)
In kurzer Zeit hatte sich die Kältewelle (a) über Zentraleuropa ausgedehnt.
1. ‚Prozeß', ‚Veränderung des Zustandes', ‚Vergrößerung in der Fläche'
2. a – Vorgangsträger/Naturerscheinung, Vorgang/Sn
3. Trotz aller hygienischen Maßnahmen hat sich die Ansteckung/die Seuche ausgedehnt. Der Streik/die Streikwelle dehnt sich aus. Der Nebel dehnt sich langsam über den Thüringer Raum aus. Der Raupenbefall dehnt sich immer weiter über die Gartenkolonie aus.
Anm.: Häufig mit pS (über)

*sich ausdehnen*₂ (dehnte sich aus, hat sich ausgedehnt)
Die Sitzung (a) dehnte sich bis tief in die Nacht aus.
1. ‚Prozeß', ‚Veränderung des Zustandes', ‚Vergrößerung in der Zeit'
2. a – Vorgangsträger/Zusammenkunft/Sn
3. Die Konferenz/die Besprechung/die Tagung/die Debatte/die Beratung dehnte sich über mehrere Stunden aus. Die Feier/das Fest dehnte sich bis in den Morgen aus.
Anm.: Häufig mit pS (bis, über)

*sich ausweiten*₁ (weitete sich aus, hat sich ausgeweitet)
Das Tiefdruckgebiet (a) weitet sich in den nächsten Tagen über ganz Mitteleuropa aus.
1. ‚Prozeß', ‚Veränderung des Zustandes', ‚Vergrößerung in der Fläche'
2. a – Vorgangsträger/Vorgang (Meteorologie)/Sn
3. Das Hochdruckgebiet/die Schönwetterfront weitet sich über unser Gebiet aus.
Anm.: Häufig mit pS (über)

*sich ausweiten*₂ (weitete sich aus, hat sich ausgeweitet)
Der Zwischenfall (a) im Urlaub hat sich zu einer ernsten Krise ausgeweitet.
1. ‚Prozeß', ‚Veränderung des Zustandes', ‚Vergrößerung in der Wirksamkeit'
2. a – Vorgangsträger/Vorgang (Kontrovers)/Sn
3. Die Differenzen haben sich bis zu ernsthaften Schwierigkeiten ausgeweitet.
  Anm.: Häufig mit pS (zu, bis zu)

sich erhöhen (erhöhte sich, hat sich erhöht)
Durch die anhaltende Trockenheit hat sich die Waldbrandgefahr (a) erhöht.
1. ‚Prozeß', ‚Veränderung des Zustandes', ‚Vergrößerung im Umfang'
2. a – Vorgangsträger/Vorgang, Maßbezeichnung/Sn
3. Die Unruhe im Saal erhöhte sich von Minute zu Minute. Die Spannung im Theater erhöhte sich von Szene zu Szene. Die Unfallziffern/die Verkehrsunfälle haben sich im Vergleich zum Vorjahr nicht erhöht.

steigen (stieg, ist gestiegen)
Das Hochwasser (a) steigt weiter, deshalb müssen schnellstens Schutzmaßnahmen ergriffen werden.
1. ‚Prozeß', ‚Veränderung des Zustandes', ‚Vergrößerung der Höhe/des Ausmaßes'
2. a – Vorgangsträger/Flüssigkeit, Maßbezeichnung, Meßgerät, Zustand, Vorgang/Sn
3. Die Fluten stiegen weiter. Das Thermometer/die Temperatur/das Barometer/der Luftdruck/die Kälte ist weiter gestiegen. Das Fieber steigt. Die Produktion/die Leistung/der Umsatz/der Wohlstand/das Einkommen steigt. Leider steigt auch der Verkehr. Die Einwohnerzahl stieg auf das Doppelte.

sich verdichten (verdichtete sich, hat sich verdichtet)
Der Nebel (a) verdichtete sich immer mehr.
1. ‚Prozeß', ‚Veränderung des Zustandes', ‚Vergrößerung in der Intensität', ‚Betonung der Fülle/Kompaktheit'
2. a – Vorgangsträger/Naturerscheinung, Vorgang, Empfindung/Sn
3. Die Dunkelheit/der Rauch verdichtet sich. Die Gerüchte/die Verdachtsmomente begannen sich immer mehr zu verdichten. In ihm verdichtete sich das Gefühl/die Überzeugung, daß man ihm mißtraut.

sich vermehren (vermehrte sich, hat sich vermehrt)
In Australien haben sich die Kaninchen (a) rasch vermehrt.
1. ‚Prozeß', ‚Veränderung des Zustandes', ‚Vergrößerung in der Menge'

2. a – Vorgangsträger/Lebewesen, Maßbezeichnung/Sn
3. Das Ungeziefer/das Unkraut hat sich stark vermehrt. Die Zahl der Verkehrsteilnehmer hat sich wesentlich vermehrt.

sich verstärken (verstärkte sich, hat sich verstärkt)
Der Lärm (a) im Stadion hat sich verstärkt.
1. ‚Prozeß', ‚Veränderung des Zustandes', ‚Vergrößerung in der Intensität'
2. a – Vorgangsträger/Geräusch, Empfindung, Vorgang/Sn
3. Der Sturm/das Gedröhn hat sich immer mehr verstärkt. Ihre Zweifel an der Wahrheit seiner Worte haben sich verstärkt. Das Unbehagen ihm gegenüber verstärkt sich. Der Eindruck, daß du nicht ehrlich bist, verstärkt sich immer mehr.

zunehmen$_1$ (nahm zu, hat zugenommen)
Bedauerlicherweise haben die Verkehrsunfälle (a) in den letzten Jahren zugenommen.
1. ‚Prozeß', ‚Veränderung des Zustandes', ‚Vergrößerung in der Menge'
2. a – Vorgangsträger/Maßbezeichnung, Vorgang/Sn
3. Die Geburtenrate/die Mitgliederzahl hat zugenommen. Zum Glück haben die Unglücksfälle nicht zugenommen.

zunehmen$_2$ (nahm zu, hat zugenommen)
In den nächsten Tagen wird die Kälte (a) weiter zunehmen.
1. ‚Prozeß', ‚Veränderung des Zustandes', ‚Vergrößerung in der Intensität'
2. a – Vorgangsträger/Naturerscheinung, Geräusch, Vorgang, Merkmal/Sn
3. Die Gewitterneigung/der Wind/die Helligkeit hat weiter zugenommen. Sein Eifer/ihre Angst/die allgemeine Nervosität/der Druck hat wesentlich zugenommen. Seine Kräfte haben nicht zugenommen. Trotz der Spritze haben die Schmerzen im Bein zugenommen. Der Beifall der Zuschauer/der Lärm auf der Straße nimmt zu. Die Bedeutung der Mikroelektronik hat in den letzten Jahren stark zugenommen.

zunehmen$_3$ (nahm zu, hat zugenommen)
Der Patient (a) hat in einem Monat fast drei Kilogramm (b) zugenommen.
1. ‚Prozeß', ‚Veränderung des Zustandes', ‚Vergrößerung im Gewicht'
2. a – Vorgangsträger/Mensch, Tier/Sn
   (b) – Maßangabe/Gewichtsangabe/Sa
3. Das Baby hat in kurzer Zeit 200 g zugenommen. Der Boxer hat ein Kilo zugenommen. Das Schwein/die Färse hat wie gewünscht 10 Kilo zugenommen. Sie hat 500 Gramm/5 Kilo zugenommen.

Außerdem kommt das Verb *zunehmen* noch in folgenden Bedeutungen vor:
- ‚scheinbare Erweiterung': Die Tage nehmen zu. Der Mond nimmt zu. Wir haben zunehmenden Mond.
- ‚Erweiterung der Zahl der Maschen beim Stricken/Häkeln': Du mußt jeweils zwei Maschen zunehmen.

Das Verb *zunehmen* erscheint auch in Verbindung mit der Präposition *an*. Dabei weist die präpositionale Wortgruppe den Vorgang aus. Das Subjekt nennt die Konkretisierung des Vorgangsträgers: Die Unglücksfälle haben an Zahl zugenommen. Die Kälte hat an Intensität zugenommen. Der Sturm nimmt an Stärke zu. Die Mikroelektronik wird in den kommenden Jahren an Bedeutung zunehmen. Der junge Mann hat an Gewicht zugenommen. Sie hat an Geist/Verstand/Wissen/Erfahrung/Gesundheit/Kräften zugenommen.

Übungen

1. *anschwellen₁ – anschwellen₂ – ansteigen – anwachsen*
   Welches Verb wählen Sie?
   1) Die Mittagstemperatur ist auf 35 Grad ...
   2) Durch den erkrankten Zahn ist sein Gesicht stark ...
   3) Der Lärm im Saal ... immer mehr ...
   4) Seine Schulden sind in letzter Zeit stark ...
   5) Von Woche zu Woche ist der Protest der Bevölkerung gegen den Lärm im Wohngebiet immer mehr ...
   6) Nach dem tagelangen Regen sind alle Flüsse stark ...
   7) Die Zahl der Mitglieder ist um die Hälfte ...
   8) Das Untersuchungsmaterial ist in den letzten Wochen stark ...
   9) Sein Sparguthaben ist schnell ...

2. *sich erhöhen – sich verdichten – sich vermehren – sich verstärken*
   Welches Verb wählen Sie?
   1) Aufgrund der günstigen Witterungsbedingungen haben sich die Heuschrecken stark ...
   2) Im Laufe des Nachmittags ... sich der Nebel immer mehr.
   3) Da wochenlang kein Regen gefallen ist, hat sich die Brandgefahr ...
   4) In den letzten Monaten haben sich die Spannungen in der Klasse ...
   5) Das Motorengedröhn hat sich immer mehr ...
   6) In diesem Jahr hat sich die Zahl der Promovierten an der Hochschule wesentlich ...
   7) Die Zweifel an seiner Ehrlichkeit haben sich ...
   8) Die Verdachtsmomente gegen ihn haben sich immer mehr ...
   9) Während seines mehrwöchigen Urlaubs hat sich das Unkraut in seinem Garten stark ...
   10) Der Druck der Wassermassen ... sich von Minute zu Minute.

3. Ersetzen Sie das Verb *zunehmen* durch ein anderes Verb dieses Wortfeldes! Beachten Sie, daß syntaktische und morphologische Veränderungen eintreten können!
   1) Im vergangenen Jahr hat die Zahl der Verkehrsunfälle zugenommen.
   2) Der Lerneifer des Schülers hat kaum zugenommen.
   3) Da der Rauch immer mehr zunahm, konnten die Helfer nicht weiter vordringen.
   4) Das Ungeziefer hat stark zugenommen.
   5) Trotz ihrer gestiegenen Einkünfte haben ihre Ersparnisse nicht zugenommen.
   6) Der Stoß unbeantworteter Briefe hat zugenommen.
   7) Am Nachmittag hat der Nebel zugenommen.
   8) Da das Gewitter näher kam, nahm der Donner zu.
   9) Er hatte den Eindruck, als ob das Geheul der Sirene zunahm.

4. In welchem der folgenden Sätze sind Verb und Aktant nicht verträglich? Berichtigen Sie diese Sätze, indem Sie das passende Verb einsetzen!
   1) Die Besprechung schwoll über mehrere Stunden an.
   2) Sein Konto weitete sich schnell aus.
   3) Nach dem Wespenstich weitete sich die Hand zusehends aus.
   4) Das Gemurmel in der Klasse vermehrte sich immer mehr.
   5) Von Tag zu Tag dehnte sich der Protest der Bevölkerung gegen die Lärmbelästigung mehr aus.
   6) Im letzten Jahr sind die Preise für die Grundnahrungsmittel in einigen Ländern stark angeschwollen.
   7) Das Unbehagen der Brigademitglieder dem neuen Kollegen gegenüber hat sich nach dem letzten Zwischenfall sehr ausgedehnt.
   8) Nach dem Wolkenbruch sind die Flüsse angewachsen.

5. Ersetzen Sie das hervorgehobene Verb durch das entsprechende Antonym!
   1) Der Wind beginnt nachzulassen.
   2) Die Temperatur im Zimmer sank allmählich.
   3) Die Adern auf seiner Stirn schwollen ab.
   4) Der Wasserspiegel ist gestern weiter gefallen.
   5) Die Zahl der Abonnenten ist im letzten Jahr merklich zurückgegangen.
   6) Ihre Ersparnisse haben rasch abgenommen.
   7) Die Zahl der Verkehrsunfälle hat sich verringert.
   8) Am Nachmittag hat sich der Nebel aufgelöst.
   9) Der Verdacht gegen den Mitarbeiter begann sich zu zerstreuen.
   10) Das Ungeziefer im Garten hat sich weiter verringert.

6. Setzen Sie das Verb im Präteritum ein!
   1) Der Stoß unbeantworteter Briefe ... (anschwellen)
   2) Der Beifall der Zuschauer ... (zunehmen)
   3) Die Gerüchte über einen Wechsel in der Sektionsleitung ... (sich verdichten)

4) Der Verbrauch an Butter ... (ansteigen)
5) Der Streik der Bergarbeiter ... (sich ausdehnen)
6) Die Waldbrandgefahr ... (sich erhöhen)
7) Das Unkraut im Garten ... (sich vermehren)
8) Seine Schulden ... (anwachsen)
9) Ihr Zweifel an der Wahrheit seiner Worte ... (sich verstärken)
10) Das Hochdruckgebiet über der Nordsee ... (sich ausweiten)

7. Setzen Sie das Verb im Perfekt ein! Beachten Sie den Wechsel des Hilfsverbs!

1) Der Donner ... (anschwellen)
2) Die Schönwetterfront ... (sich ausweiten)
3) Die Besprechung ... über mehrere Stunden ... (sich ausdehnen)
4) Die Mittagstemperatur ... auf 20 Grad ... (ansteigen)
5) Die Unruhe im Saal ... (sich erhöhen)
6) Das Baby ... 200 Gramm ... (zunehmen)
7) Die Fluten ... weiter ... (steigen)
8) Das Gedröhn ... immer mehr ... (sich verstärken)
9) Der Protest der Bevölkerung ... von Tag zu Tag mehr ... (anwachsen)
10) Die Bedenken gegen ihn ... immer mehr ... (sich verdichten)

Verben der Übereinstimmung und Verschiedenheit

Die Verben dieses Wortfeldes drücken aus, daß zwei oder mehrere Erscheinungen der Wirklichkeit miteinander in einem Merkmal oder mehreren Merkmalen übereinstimmen oder sich voneinander unterscheiden. Diese Verben sind überwiegend zweiwertig.

Übersicht über das Wortfeld

1. ‚Merkmalsübereinstimmung'
1.1. ‚weitgehende Übereinstimmung':
sich decken, gleichen, kongruieren, übereinstimmen
1.2. ‚teilweise Übereinstimmung':
sich / einander ähneln, etwas gemein haben
1.3. ‚Harmonie zeigen':
im Einklang stehen, entsprechen, harmonieren, korrespondieren, passen, die Waage halten
1.4. ‚gegenseitige Annäherung':
konvergieren, nahekommen, gleichziehen
1.5. ‚sich gleichzeitig vollziehen':
zusammenfallen

2. ‚Merkmalsverschiedenheit'
2.1. ‚Merkmalsunterschied allgemein':
sich abheben, abstechen, abweichen, differieren, sich unterscheiden, divergieren
2.2. ‚Gegensatz, Kontrast':
kontrastieren, widersprechen, im Gegensatz/Kontrast/Widerspruch stehen

Beschreibung der Wörter

sich abheben (hob sich ab, hat sich abgehoben)

Pauls Leistungen (a) heben sich von den Leistungen (b) seiner Mitschüler deutlich ab.
1. ‚Merkmalsverschiedenheit', ‚in einem Merkmal oder mehreren Merkmalen', ‚Vergleichsgegenstand betont'
2. a – Vergleichsgegenstand/Lebewesen, Gegenstand, Geschehen/Sn
   b – Vergleichsmaß/Lebewesen, Gegenstand, Geschehen (stets in Entsprechung zu a)/pS (gegen, von)
3. Das Bauwerk hebt sich gegen den (von dem) Horizont markant ab. – Dieser Araberhengst hebt sich deutlich von anderen Pferden des Gestüts ab.

Anmerkung:
Vergleichsgegenstand und Vergleichsmaß können auch als Subjekt koordiniert werden: Kathedrale und Rathaus heben sich sichtbar voneinander ab. Dieses Fügungsmuster gilt auch für viele weitere Verben dieses Wortfeldes.

abstechen (stach ab, Perfekt nicht gebräuchlich)

Das Ende (a) der Arbeit sticht gegen den Anfang (b) gewaltig ab.
1. ‚Merkmalsverschiedenheit', ‚Qualitätsunterschied', ‚Vergleichsgegenstand betont'
2. a – Vergleichsgegenstand/Lebewesen, Gegenstand, Geschehen/Sn
   b – Vergleichsmaß/Lebewesen, Gegenstand, Geschehen/pS (gegen, von, gegenüber)
3. Inge sticht gegen ihre Schwester/Geschwister/Mitschüler auffällig ab. Dieser Hut sticht von den anderen ab. Inges Leistungen stechen von denen ihrer Klassenkameraden vorteilhaft ab.

abweichen (wich ab, Perfekt nicht gebräuchlich)

Die Kopie (a) weicht vom Original (b) im Farbton (c) ab.
1. ‚Merkmalsverschiedenheit', ‚in einem (wesentlichen) Merkmal'

2. a – Vergleichsgegenstand / Gegenstand (Tätigkeitsprodukt) / Sn
   b – Vergleichsmaß / Gegenstand (Tätigkeitsprodukt) / pS (von)
   (c) – Unterscheidungsmerkmal / Eigenschaft / pS (in, durch)
3. Das Gutachten des Psychiaters weicht von dem des Pädagogen in der Ursachenbestimmung / Beweiskraft / Überzeugungskraft ab. Die Gutachten weichen voneinander ab. Die Interpretationen des Gedichts durch verschiedene Rezitatoren weichen voneinander ab.

ähneln (ähnelte, hat geähnelt)

Das kleine Mädchen (a) ähnelt seiner Mutter (b) im Gesichtsausdruck (c).

1. ‚Merkmalsübereinstimmung‘, ‚in einem Merkmal oder einigen Merkmalen‘, ‚teilweise‘
2. a – Vergleichsgegenstand / Lebewesen, Gegenstand, Geschehen / Sn
   b – Vergleichsmaß / Lebewesen, Gegenstand, Geschehen / Sd
   (c) – Vergleichsbasis / Eigenschaft / pS (in)
3. Der Bruder ähnelt der Schwester. Bruder und Schwester ähneln einander / sich. Das unbekannte Tier ähnelte einem Känguruh in der Größe / in der Farbe / im Körperbau. Diese Kopie ähnelt dem Original bis in Einzelheiten. Inges Arbeitsweise ähnelt derjenigen Helgas.

sich decken (deckte sich, hat sich gedeckt)

Die Ausführung des Werkes (a) deckt sich mit dem Entwurf (b).

1. ‚Merkmalsübereinstimmung‘, ‚vollständig oder weitgehend‘
2. a – Vergleichsgegenstand / Gegenstand, Eigenschaft / Sn
   b – Vergleichsmaß / Gegenstand, Eigenschaft / pS (mit)
3. Die Aussagen des Zeugen decken sich mit den Ermittlungsergebnissen der Polizei. Zeugenaussagen und Ermittlungsergebnisse decken sich. Der Beschluß der Belegschaft deckt sich mit dem Vorschlag der Betriebsleitung. Mein Eindruck deckt sich mit meinen Erwartungen. Unsere Auffassungen decken sich im wesentlichen / annähernd.

differieren (differierte, hat differiert)

Die Gutachten zur Dissertation (a) differieren um eine ganze Note (b).

1. ‚Merkmalsverschiedenheit‘, ‚symmetrisch‘, ‚maßbestimmt‘
2. a – Vergleichsgegenstände / Gegenstand, Lebewesen, Text / Sn (Plural oder koordinative Verknüpfung)
   (b) – Maß des Unterschieds / Maßangabe / pS (um, zwischen) oder Unterscheidungsmerkmal / Eigenschaft / pS (in)
3. Die Bilderrahmen differieren um einige Millimeter. Der Vorsitzende und der Sekretär differieren in ihren Urteilen. Ihre Ansichten differieren in der Beurteilung / Wertung / Einschätzung der Leistungen.

divergieren (divergierte, hat divergiert)

Unsere Begriffe (a) von dramatischer Kunst divergieren in mancher Beziehung (b).
1. ‚Merkmalsverschiedenheit', ‚symmetrisch'
2. a – Vergleichsgegenstände/Gegenstand, Merkmal/Sn (Plural)
   (b) – Unterscheidungsmerkmal/Eigenschaft/pS (in)
3. Die Farben von Wänden und Decke des Raumes divergieren. Die Urteile der Lehrer über den Schüler divergieren spürbar. – Die Aussagen der Zeugen divergieren in den wesentlichen Punkten der Anklage.

im Einklang stehen (standen im Einklang, haben im Einklang gestanden)

Unser Verhalten (a) muß mit den sozialen Normen der Gesellschaft (b) im Einklang stehen.
1. ‚Merkmalsübereinstimmung', ‚Harmonie', ‚Vergleichsgegenstand betont'
2. a – Vergleichsgegenstand/Handlung (geistig, praktisch)/Sn
   b – Vergleichsmaß/Handlung, Merkmal (Maßstab)/pS (mit)
3. Deine Worte stehen mit deinen Taten (nicht) im Einklang. Seine Grundsätze/Maximen und sein eigenes Handeln stehen miteinander im Einklang. Wort und Tat müssen (miteinander) im Einklang stehen.

entsprechen (entsprach, hat entsprochen)

Das Geburtstagsgeschenk (a) entspricht in jeder Hinsicht meinem Geschmack (b).
1. ‚Merkmalsübereinstimmung', ‚Harmonie', ‚Vergleichsgegenstand betont'
2. a – Vergleichsgegenstand/Lebewesen, Gegenstand, Merkmal/Sn
   b – Vergleichsmaß/Merkmal (Maßstab)/Sd
3. Dein Freund/Pudel/das Kleid entspricht meinen Wünschen/Erwartungen/Vorstellungen. – Der Inhalt des Artikels entspricht dem Standpunkt der Redaktion. Die Theatervorstellung entspricht dem kindlichen Fassungsvermögen. 10 Uhr MEZ entspricht 12 Uhr osteuropäischer Zeit.

im Gegensatz/Kontrast/Widerspruch stehen (standen, hat gestanden)

Sein Lebenswandel (a) steht im Gegensatz/Kontrast/Widerspruch zu seinem Reden (b).
1. ‚Merkmalsverschiedenheit', ‚Gegensatz', ‚Vergleichsgegenstand betont'
2. a – Vergleichsgegenstand/Handlung, Eigenschaft von Menschen/Sn
   b – Vergleichsmaß/Handlung, Eigenschaft/pS (zu)
3. Seine äußere Ruhe stand im Gegensatz/Widerspruch zu seiner inneren Erregung. Sein Verhalten steht im Gegensatz/Widerspruch zu allen Verhaltensnormen. Beide Zeugenaussagen stehen im krassen Gegensatz/Widerspruch zueinander.

gemein haben (hatten gemein, haben gemein gehabt)
Der Film (a) hat mit dem gleichnamigen Roman (b) wenig (c) gemein.
1. ‚Merkmalsübereinstimmung', ‚in einem Merkmal oder wenigen Merkmalen'
2. a – Vergleichsgegenstand/Lebewesen, Gegenstand, Geschehen/Sn
   (b) – Vergleichsmaß/Vergleichspartner/Lebewesen, Gegenstand, Merkmal/ pS (mit)
   c – Vergleichsbasis/Eigenschaft/Sa, unbestimmtes Numerale
3. Matthias hat mit seinem Bruder den Widerspruchsgeist gemein. Vater und Sohn haben ein übersteigertes Selbstbewußtsein gemein. Löten und Schweißen haben das Verbinden von Metallteilen gemein.

gleichen (glich, hat geglichen)
Das Mädchen (a) gleicht dem Bruder (b) in der Hilfsbereitschaft (c).
1. ‚Merkmalsübereinstimmung', ‚vollständig oder weitgehend'
2. a – Vergleichsgegenstand/Lebewesen, Gegenstand, Geschehen/Sn
   b – Vergleichsmaß/Lebewesen, Gegenstand, Geschehen/Sd
   (c) – Vergleichsbasis/Eigenschaft/pS (in)
3. Der Schüler gleicht in seinen Leistungen dem Ideal der Lehrer. Die Zwillinge gleichen einander wie ein Ei dem anderen. Der gedeckte Tisch glich einer Festtafel. Inges Arbeitsweise gleicht dem bedächtigen Tun ihres Vaters.

gleichziehen (zog gleich, hat gleichgezogen)
Die Kosten (a) unseres Werkes werden mit denen (b) des Kabelwerkes gleichziehen.
1. ‚Merkmalsübereinstimmung', ‚in einem Merkmal', ‚Annäherung'
2. a – Vergleichsgegenstand/Lebewesen, Gegenstand/Sn
   b – Vergleichsmaß/Lebewesen, Gegenstand/pS (mit)
3. Der Schachspieler hat schon nach kurzer Zeit mit dem Gegner gleichgezogen. Unsere Erzeugnisse ziehen mit denen des Werkes in X gleich.

harmonieren (harmonierte, hat harmoniert)
Die Tapete (a) harmoniert mit den Möbeln (b) in der Farbe (c).
1. ‚Merkmalsübereinstimmung', ‚Harmonie', ‚Vergleichsgegenstand betont'
2. a – Vergleichsgegenstand/Lebewesen, Gegenstand, Merkmal/Sn
   b – Vergleichsmaß/Lebewesen, Gegenstand, Merkmal (wie a)/pS (mit)
   (c) – Vergleichsbasis/Eigenschaft/pS (in)
3. Inge harmoniert in ihren Neigungen mit Paul. Die Kappe harmoniert in der Musterung mit dem Pelzmantel. Ihr Selbstbewußtsein harmoniert (nicht) mit ihrem Leistungsvermögen.

kongruieren (kongruierte, hat kongruiert)
= übereinstimmen

kontrastieren (kontrastierte, hat kontrastiert)

Der Pelzkragen (a) kontrastiert mit dem Mantel (b).
1. ‚Merkmalsverschiedenheit', ‚Gegensatz', ‚symmetrisch'
2. a – Vergleichsgegenstand / Lebewesen, Gegenstand / Sn
   b – Vergleichsmaß / Lebewesen, Gegenstand / pS (mit)
3. Der stille, bescheidene Andreas kontrastiert mit seinem schwatzhaften Bruder. Die prächtige Uniform kontrastierte mit der kahlen Umgebung. Die helle Tapete kontrastierte mit dem dunklen Teppich.

konvergieren (konvergierte, hat konvergiert)

Pauls Meinung (a) konvergiert mit meinem Standpunkt (b).
1. ‚Merkmalsübereinstimmung', ‚Annäherung'
2. a – erster Partner / Bewußtseinsinhalt, Kategorie / Sn
   (b) – zweiter Partner / Bewußtseinsinhalt, Kategorie / pS (mit)
3. Die Volkswirtschaften sozialistischer Länder konvergieren miteinander.

korrespondieren (korrespondierte, hat korrespondiert)

Dieses Jubiläum (a) korrespondiert mit einem historischen Datum (b).
1. ‚Merkmalsübereinstimmung', ‚Harmonie'
2. a – erster Partner / Gegenstand, Handlung / Sn
   b – zweiter Partner / Gegenstand, Handlung / pS (mit)
3. Die Farbe der Häuser korrespondiert mit der architektonischen Gestaltung des Marktplatzes. Die Maßnahmen der Regierung korrespondieren mit den Interessen der Bevölkerung.

nahekommen (kam nahe, ist nahegekommen)

Seine Vermutung (a) kommt der Wahrheit (b) (sehr) nahe.
1. ‚Merkmalsübereinstimmung', ‚Annäherung'
2. a – Vergleichsgegenstand / Handlung / Sn
   b – Vergleichsmaß / Merkmal (Maßstab) / Sd
3. Seine schulischen Leistungen kommen denen des Bruders nahe. Seine Sprintzeit kommt dem Landesrekord nahe.

passen (paßte, hat gepaßt)

Die Mütze (a) paßt gut zu deinem Mantel (b).
1. ‚Merkmalsübereinstimmung', ‚Harmonie'
2. a – Vergleichsgegenstand / Lebewesen, Gegenstand, Merkmal / Sn
   b – Vergleichsmaß / Lebewesen, Gegenstand, Merkmal / pS (zu)

3. Der junge Lehrer paßt zu meiner Schwester. Die Gardinen passen zu der Tapete. Diese laxe Moral paßt zu deinem Charakter.

übereinstimmen (stimmte überein, hat übereingestimmt)
Der Vorhang (a) stimmt mit dem Teppich (b) in der Farbe (c) überein.
1. ‚Merkmalsübereinstimmung', ‚in einem Merkmal oder mehreren Merkmalen'
2. a – Vergleichsgegenstand/Lebewesen, Gegenstand, Eigenschaft/Sn
   b – Vergleichsmaß/Lebewesen, Gegenstand, Eigenschaft/pS (mit)
   (c) – Vergleichsbasis/Eigenschaft/pS (in)
3. Unsere Aufzeichnungen/Notizen/Hüte/Uhren stimmen überein. – Inges Niederschrift stimmt mit der Gudruns im Inhalt/Wortlaut überein. Christian stimmt mit Helga im Geschmack überein.

sich unterscheiden (unterschied sich, hat sich unterschieden)
Klaus (a) unterscheidet sich von seinem Bruder (b) durch größeren Fleiß (c).
1. ‚Merkmalsverschiedenheit', ‚in einem wesentlichen Merkmal'
2. a – Vergleichsgegenstand/Lebewesen, Gegenstand, Geschehen/Sn
   b – Vergleichsmaß/Lebewesen, Gegenstand, Geschehen/pS (von)
   (c) – Unterscheidungsmerkmal/Eigenschaft/pS (in, durch)
3. Der Wolf unterscheidet sich vom Hund durch sein raubtierhaftes Verhalten. Die Hemden unterscheiden sich in der Form des Kragens. Meine Gangart unterscheidet sich von eurer durch größere Geschwindigkeit.

sich die Waage halten (hielt sich die Waage, Perfekt unüblich)
Die Ausgaben (a) halten sich mit den Einnahmen (b) die Waage.
1. ‚Merkmalsübereinstimmung', ‚quantitativ bestimmt'
2. a – Vergleichsgegenstand/Geschehen, Zustand, Eigenschaft/Sn
   b – Vergleichsmaß/Geschehen, Zustand, Eigenschaft/pS (mit)
3. Arbeit und Freizeit halten sich bei ihm die Waage. Freude hielt sich mit der Trauer die Waage. Die Nachteile halten sich mit den Vorteilen die Waage.

widersprechen (widersprach, hat widersprochen)
Eine solche Handlungsweise (a) widerspricht unseren Moralnormen (b).
1. ‚Merkmalsverschiedenheit', ‚Gegensatz', ‚Vergleichsgegenstand betont'
2. a – Vergleichsgegenstand/geistig-sprachliche Handlung/Sn
   b – Vergleichsmaß/Eigenschaft (Maßstab)/Sd
3. Diese Handlungsweise/dieses Verhalten/diese Einstellung/diese Meinung widerspricht unseren Grundsätzen/unserer Überzeugung/seinem Wesen/den Ergebnissen soziologischer Untersuchungen. Die äußere Ruhe widersprach seiner inneren Verfassung. Die Auskünfte/Nachrichten/Informationen widersprechen sich/einander.

zusammenfallen (fiel zusammen, ist zusammengefallen)
Der Termin (a) des Elternabends fällt mit dem (b) des Chorkonzerts zusammen.
1. ‚Merkmalsübereinstimmung', ‚zeitgleich'
2. a – Vergleichsgegenstand / Ereignistermin / Sn
   b – Vergleichsmaß / Ereignistermin / pS (mit)
3. Luthers Geburtstag fällt mit Schillers Geburtstag zusammen. Die Geburtstage der Geschwister fallen zusammen.

Übungen

1. *ähneln – sich decken – entsprechen – gleichen – harmonieren – passen – übereinstimmen – zusammenfallen*
   Welches Verb wählen Sie?

   1) Der unbekannte Vogel ... einem Habicht.
   2) Zwei Dreiecke ..., wenn sie in der Länge ihrer Seiten ...
   3) Inges fachliche Leistungen ... ihren Fähigkeiten.
   4) Deine Krawatte ... gut mit dem neuen Anzug.
   5) In diesem Jahr ... Pfingsten mit dem ersten Junisonntag ...
   6) Ich suche ein gemustertes Hemd, das zu meiner Freizeithose ...
   7) Eineiige Zwillinge ... einander bis in Einzelheiten.
   8) Meine Eltern sind sich einig, sie ... in ihren Auffassungen ...

2. *sich abheben – abweichen – differieren – kontrastieren – (sich) unterscheiden*
   Welches Verb wählen Sie?

   1) Die Zeugenaussagen ... so stark, daß die Schuldfrage nicht eindeutig beantwortet werden kann.
   2) Das unbekannte Flugobjekt ... deutlich vom Nachthimmel ...
   3) Erika und Gisela ... in ihrer Leistungsfähigkeit erheblich.
   4) Die Untersuchungsergebnisse ... so stark ..., daß die Ausgangshypothese verworfen werden muß.
   5) Die Maße der Werkstücke ... um drei Millimeter.
   6) Die ungleichen Brüder ... hauptsächlich in ihren Interessen.
   7) Die dunklen Möbel ... mit der hellen Zimmertapete.
   8) Seine originellen Einfälle ... ihn wohltuend von den Phrasendreschern.
   9) Deine Meinung ... völlig von den Ansichten deiner Freunde ...

3. Ersetzen Sie die verneinten Verbformen in den folgenden Sätzen durch die bejahende (affirmative) Form treffender Antonyme!

   1) Deine Krawatte paßt nicht zu deinem Hemd.
   2) Die Auffassungen der Diskussionsteilnehmer stimmen nicht überein.
   3) Dieser Teppich harmoniert nicht mit den Vorhängen.
   4) Sein Handeln entspricht nicht seinen scheinheiligen Reden.
   5) Die Figur in dunkler Kleidung hebt sich nicht vom Bildhintergrund ab.

6) Sein anmaßendes Auftreten paßt nicht zu seinem guten Ruf.
7) Gunthers Flugmodell weicht von der Vorlage nicht ab.
8) Original und Kopie unterscheiden sich nicht.
9) Die Vorstellungen der Alten und der Jungen von einer glücklichen Ehe decken sich nicht.

4. Ersetzen Sie in den folgenden Sätzen die Adjektive und Substantive durch etymologisch verwandte Verben des Wortfeldes!
1) Zwischen den Schwestern besteht eine auffallende Ähnlichkeit.
2) Meine Eltern leben miteinander in glücklicher Harmonie.
3) Mein Vater lebt entsprechend seinen strengen Grundsätzen.
4) Zwischen seinen Zukunftsplänen und denen seiner Eltern bestehen erhebliche Differenzen.
5) Der junge Lehmann sieht seinem Vater ähnlich.
6) Zwischen dem Entwurf und seiner Ausführung gibt es unübersehbare Unterschiede.
7) Zwischen bürgerlichen Idealen und gesellschaftlicher Wirklichkeit bestehen erhebliche Kontraste.
8) Zwischen dem Regierungsprogramm und der politischen Praxis des Kabinetts fehlt die Übereinstimmung.

5. Korrigieren Sie die semantische Unverträglichkeit durch Einsetzen des treffenden Verbs!
1) Die Zwillingsbrüder passen zueinander.
2) Dein Oberhemd widerspricht deinem hellen Anzug.
3) Vaters Handlungsweise fällt mit seinen Moralgrundsätzen zusammen.

Verben des Mitteilens

In dieser Gruppe werden Verben zusammengefaßt, die eine sprachliche Übermittlung von Kenntnissen oder Informationen bezeichnen. Dabei handelt es sich generell um 3wertige Verben, indem ein Sender an einen Empfänger mittels Sprache Informationen überträgt. Die Information/der Mitteilungsinhalt besteht aus Denkinhalten und wird deshalb semantisch-denotativ nicht bei allen Verben speziell angegeben.

Übersicht über das Wortfeld

‚jmdm. etwas zur Kenntnis bringen‘
1. ‚sachlich‘, ‚offiziell‘: mitteilen, informieren, bekanntgeben
2. ‚betont offiziell‘: erklären$_2$, verkünden, vortragen

3. ‚sachlich knapp': melden
4. ‚auf Künftiges bezogen': ankündigen
5. ‚ausführlich', ‚sachbetont': berichten, beschreiben
6. ‚ausführlich', ‚erlebnisbetont': erzählen, schildern
7. ‚mit Hilfe einer anderen Person oder eines Mediums': bestellen, übermitteln
8. ‚heimlich': hinterbringen

‚jmdm. Unbekanntes/Verborgenes zur Kenntnis bringen'

1. ‚latente Sachverhalte': auseinandersetzen, erklären$_1$, erläutern
2. ‚die Richtigkeit von Sachverhalten': beweisen
3. ‚unerlaubt': verraten
4. ‚eigene Denk- und Verhaltensweisen': bekennen, gestehen, beichten

‚auf Mitteilungen oder Handlungen von jmdm. reagieren'

1. ‚positiv': bejahen, zusagen
2. ‚negativ': verneinen, verbieten

‚jmdm. Anregungen für künftiges Handeln geben':
vorschlagen

Beschreibung der Wörter

ankündigen (kündigte an, hat angekündigt)

Die Stewardeß (a) kündigt den Passagieren (b) die Landung (c) des Flugzeugs an.

1. ‚Künftiges zur Kenntnis bringen'
2. a – Täter/Mensch (Kollektiv)/Sn
   b – Adressat/Mensch (Kollektiv)/Sd
   c – Mitteilungsinhalt/Sa, NS (daß), Inf
3. Der Professor/Lehrer kündigt den Studenten/Schülern das Ende der Vorlesung an. – Er kündigt ihnen an, daß er eine Vorlesung halten wolle/eine Vorlesung halten zu wollen.

auseinandersetzen (setzte auseinander, hat auseinandergesetzt)

Der Trainer (a) setzt dem Boxer (b) die Ursachen (c) für seine Niederlage auseinander.

1. ‚ausführlich latente Sachverhalte verständlich machen'
2. a – Täter/Mensch (Kollektiv)/Sn
   b – Adressat/Mensch (Kollektiv)/Sd
   c – Mitteilungsinhalt/Sa, NS (daß), Inf
3. Der Lehrer/die Schulleitung setzt dem Jungen/Schüler die Gründe auseinander. – Er setzt uns auseinander, daß die Produktion erhöht werden müsse/den Plan überprüft zu haben.

beichten (beichtete, hat gebeichtet)

Das Kind (a) beichtete den Eltern (b) sein Vergehen (c).

1. ‚eigene Schuld zur Kenntnis bringen'
2. a – Täter/Mensch/Sn
   b – Adressat/Mensch (Kollektiv)/Sd
   c – Mitteilungsinhalt/Sa, NS (daß), Inf
3. Das Kind/Mädchen beichtete der Mutter/Oma/Freundin die Lüge. – Sie beichtete ihr, daß sie ihre Aufgaben nicht erfüllt habe/das Geld verloren zu haben.

bejahen (bejahte, hat bejaht)

Das Mädchen (a) bejahte dem Freund (b) die Frage (c).

1. ‚auf eine Frage positiv reagieren'
2. a – Täter/Mensch (Kollektiv)/Sn
   b – Adressat/Mensch (Kollektiv)/Sd
   c – Mitteilungsinhalt (Ausdrücke, die als Frage aufgefaßt werden können)/Sa, NS (daß), Inf
3. Die Wandergruppe bejahte dem Polizisten/Förster die Frage, daß sie das Feuer gelöscht habe/das Feuer gelöscht zu haben.

bekanntgeben (gab bekannt, hat bekanntgegeben)

Der Veranstaltungsleiter (a) gab den Teilnehmern (b) die Entscheidung (c) der Jury bekannt.

1. ‚sachlich und offiziell zur Kenntnis geben'
2. a – Täter/Mensch (Kollektiv, Institution)/Sn
   (b) – Adressat/Mensch (Kollektiv, Institution)/Sd
   c – Mitteilungsinhalt/Sa, NS (daß), Inf
3. Der Verleger/Verlag gab den Lesern/dem Buchhandel das Erscheinen eines neuen Romans bekannt. – Er gibt bekannt, daß alle hohe Leistungen erbringen müssen/krank gewesen zu sein.

bekennen (bekannte, hat bekannt)

Der Lehrer (a) bekannte den Schülern (b) seinen Irrtum (c).

1. ‚eigene Denk- und Verhaltensweisen zur Kenntnis bringen'
2. a – Täter/Mensch (Kollektiv)/Sn
   (b) – Adressat/Mensch (Kollektiv)/Sd
   c – Mitteilungsinhalt/Sa, NS (daß), Inf
3. Die Schulklasse/der Schüler bekennt dem Lehrer/Direktor das Vergehen. – Er bekennt, daß er die Urkunde gefälscht hat/die Urkunde gefälscht zu haben.

berichten (berichtete, hat berichtet)

Der Leiter (a) berichtete den Wissenschaftlern (b) über das Experiment (c).

1. ‚ausführlich und sachbetont zur Kenntnis bringen'
2. a – Täter / Mensch (Kollektiv) / Sn
   b – Adressat / Mensch (Kollektiv) / Sd
   c – Mitteilungsinhalt / Sa, pS (über), NS (daß), Inf
3. Der Zeuge / Angeklagte berichtete den Zuhörern / Versammelten über das Ereignis. – Er berichtete ihm, daß der Radfahrer schuldig sei / dem Verletzten geholfen zu haben.

beschreiben (beschrieb, hat beschrieben)

Der Reiseleiter (a) beschrieb den Touristen (b) die Stadt (c).

1. ‚ausführlich, anschaulich zur Kenntnis bringen'
2. a – Täter / Mensch (Kollektiv) / Sn
   (b) – Adressat / Mensch (Kollektiv) / Sd
   c – Mitteilungsinhalt / Sa, NS (was)
3. Das Kind / der Schüler beschreibt der Mutter / dem Lehrer das Tier. – Sie beschreiben ihm, was sie sich vorgenommen haben.

bestellen (bestellte, hat bestellt)

Der Mann (a) bestellte seiner Familie (b) Grüße (c).

1. ‚Informationen von anderen weitergeben', meist ‚inoffiziell'
2. a – Täter / Mensch (Kollektiv) / Sn
   b – Adressat / Mensch (Kollektiv) / Sd
   c – Mitteilungsinhalt / Sa, NS (daß)
3. Der Junge / Mann bestellt den Mitschülern / Nachbarn Grüße. – Er bestellt ihr, daß die Vorstellung um 8 Uhr beginne.

beweisen (bewies, hat bewiesen)

Der Lehrer (a) beweist den Schülern (b) die Richtigkeit (c) der Hypothese.

1. ‚Richtigkeit, Wahrheit von Sachverhalten zur Kenntnis bringen'
2. a – Täter / Mensch (Kollektiv) / Sn
   (b) – Adressat / Mensch (Kollektiv) / Sd
   c – Mitteilungsinhalt / Sa, NS (daß), Inf
3. Der Leiter / Ingenieur beweist den Zuhörern die Möglichkeit einer Leistungssteigerung. – Er beweist ihr, daß er geholfen hat / geholfen zu haben.

erklären$_1$ (erklärte, hat erklärt)

Der Brigadier (a) erklärte den Arbeitern (b) die Funktion (c) des Gerätes.

1. ‚über latente Sachverhalte Aufklärung geben'
2. a – Täter / Mensch / Sn

b – Adressat/Mensch (Kollektiv)/Sd
   c – Mitteilungsinhalt/Sa, NS (was)
3. Der Meister/Lehrer erklärt dem Lehrling/Schüler die Theorie. – Er erklärt ihm, was jener nicht verstanden hat.

*erklären*₂ (erklärte, hat erklärt)

Der Sprecher (a) erklärte den Journalisten (b), daß die Regierung zurückgetreten sei (c).
1. ‚betont offiziell zur Kenntnis bringen'
2. a – Täter/Mensch (Kollektiv)/Sn
   b – Adressat/Mensch (Kollektiv)/Sd
   c – Mitteilungsinhalt/NS (daß), Inf
3. Der Forscher/das Kollektiv erklärte dem Betriebsleiter/Rektor, daß die Untersuchungen abgeschlossen seien/die Untersuchungen abgeschlossen zu haben.

erläutern (erläuterte, hat erläutert)

Der Deutschlehrer (a) erläuterte den Schülern (b) das Gedicht (c).
1. ‚über latente Sachverhalte ausführlich und anschaulich aufklären'
2. a – Täter/Mensch (Kollektiv)/Sn
   b – Adressat/Mensch (Kollektiv)/Sd
   c – Mitteilungsinhalt/Sa, NS (was)
3. Der Betriebsleiter/Direktor erläutert der Belegschaft/dem Kollektiv die Brandschutzordnung. – Er erläutert ihnen, was an der Verordnung neu ist.

erzählen (erzählte, hat erzählt)

Die Großmutter (a) erzählte den Enkeln (b) ein Märchen (c).
1. ‚ausführlich, erlebnisbetont zur Kenntnis bringen'
2. a – Täter/Mensch (selten Kollektiv)/Sn
   b – Adressat/Mensch (Kollektiv)/Sd
   c – Mitteilungsinhalt/Sa, pS (von), NS (daß), Inf
3. Die Delegation/der Student erzählte den Kollegen/seinem Freund Reiseerlebnisse. – Sie erzählte mir, daß sie verreist war/viel geträumt zu haben.

gestehen (gestand, hat gestanden)

Der Junge (a) gestand dem Mädchen (b) seine Liebe (c).
1. ‚eigene Denk-, Verhaltensweisen, Fehler zur Kenntnis bringen'
2. a – Täter/Mensch (Kollektiv)/Sn
   b – Adressat/Mensch (Kollektiv)/Sd
   c – Mitteilungsinhalt/Sa, NS (daß), Inf

3. Der Student/Lehrling gestand dem Lehrer/Meister seinen Irrtum. – Er gestand ihm, daß er sich geirrt habe/sich geirrt zu haben.

hinterbringen (hinterbrachte, hat hinterbracht)

Der Mann (a) hinterbrachte dem Betriebsleiter (b) die Unehrlichkeit (c) eines Mitarbeiters.

1. ‚heimlich, mit negativer Absicht zur Kenntnis bringen'
2. a – Täter/Mensch/Sn
   b – Adressat/Mensch (Kollektiv)/Sd
   c – Mitteilungsinhalt/Sa, NS (daß), Inf
3. Ein Schüler/Detektiv hinterbrachte dem Direktor/Auftraggeber den Plan. – Er hinterbrachte ihm, daß die Klasse eine Überraschung vorbereite/den Mitschüler beim Abschreiben beobachtet zu haben.

informieren (informierte, hat informiert)

Der Regisseur (a) informierte die Zuschauer (b) über den Inhalt (c) des Theaterstückes.

1. ‚sachlich, offiziell in Kenntnis setzen'
2. a – Täter/Mensch (Kollektiv)/Sn
   b – Adressat/Mensch (Kollektiv)/Sa
   c – Mitteilungsinhalt/pS (über), NS (daß), Inf
3. Der Minister/Leiter informierte das Institut/die Belegschaft über das Gesetz. – Er informierte ihn, daß er die Autokolonne angehalten habe/die Kolonne gestoppt zu haben.

melden (meldete, hat gemeldet)

Der Kraftfahrer (a) meldete der Polizei (b) den Unfall (c).

1. ‚sachlich-knapp, meist offiziell, nach bestimmten Normen zur Kenntnis bringen'
2. a – Täter/Mensch (Kollektiv)/Sn
   b – Adressat/Mensch (Kollektiv)/Sd, pS (an)
   c – Mitteilungsinhalt/Sa, NS (daß), Inf
3. Der Mann/Bürger meldete der Polizei/dem Rat der Stadt die Entdeckung. – Sie meldete der Polizei, daß ein Unfall geschehen ist/den Unfall beobachtet zu haben.

mitteilen (teilte mit, hat mitgeteilt)

Der Lehrer (a) teilte den Schülern (b) das Ergebnis (c) der Arbeit mit.

1. ‚sachlich, offiziell zur Kenntnis geben'
2. a – Täter/Mensch (Kollektiv)/Sn

b – Adressat/Mensch (Kollektiv)/Sd
c – Mitteilungsinhalt/Sa, NS (daß), Inf
3. Der Vorsitzende/Arzt teilte den Mitarbeitern/Patienten das Resultat mit. – Er teilte ihnen mit, daß er mit dem Vorschlag einverstanden sei/mit dem Vorschlag einverstanden zu sein.

schildern (schilderte, hat geschildert)

Der Vater (a) schilderte den Kindern (b) die Erlebnisse (c).

1. ‚erlebnisbetont, anschaulich zur Kenntnis bringen'
2. a – Täter/Mensch (Kollektiv)/Sn
   b – Adressat/Mensch (Kollektiv)/Sd
   c – Mitteilungsinhalt/Sa
3. Die Klasse/der Junge schilderte dem Lehrer/Vater die Wanderung. – Er schilderte ihm seine Schmerzen/die schöne Landschaft.

übermitteln (übermittelte, hat übermittelt)

Die Frau (a) übermittelte den Kranken (b) Grüße (c).

1. ‚von anderen bzw. durch ein Medium zur Kenntnis bringen', ‚meist offiziell'
2. a – Täter/Mensch (Kollektiv)/Sn
   b – Adressat/Mensch (Kollektiv)/Sd
   c – Mitteilungsinhalt/Sa, NS (daß), auch Inf
3. Die Kinder übermitteln ihren Lehrern/Eltern Glückwünsche. – Sie übermittelten ihm, daß sie höhere Leistungen vollbringen wollen/höhere Leistungen zu vollbringen.

verbieten (verbot, hat verboten)

Der Schlosser (a) verbot dem Lehrling (b) die Reparatur (c).

1. ‚jemandem ein bestimmtes künftiges Handeln untersagen'
2. a – Täter/Mensch (Kollektiv)/Sn
   b – Adressat/Mensch (Kollektiv)/Sd
   c – Mitteilungsinhalt/Sa, NS (daß), Inf
3. Der Mann/Pförtner verbot dem Fremden/Besucher das Haus. (= das Betreten des Hauses). – Er verbietet ihm, daß er das Haus betritt/das Haus zu betreten.

verkünden (verkündete, hat verkündet)

Der Richter (a) verkündete den Anwesenden (b) das Urteil (c).

1. ‚betont offiziell, feierlich zur Kenntnis geben'
2. a – Täter/Mensch (Kollektiv)/Sn
   b – Adressat/Mensch (Kollektiv)/Sd
   c – Mitteilungsinhalt/Sa, NS (daß), Inf

3. Der Regierungssprecher / Präsident verkündete den Abgeordneten / dem Parlament den Rücktritt der Regierung. – Er verkündete ihnen, daß er zurücktreten werde / bald zurücktreten zu wollen.

verneinen (verneinte, hat verneint)

Das Kind (a) verneinte der Erzieherin (b) die Frage (c).
1. ‚auf eine Frage negativ reagieren'
2. a – Täter / Mensch (Kollektiv) / Sn
   b – Adressat / Mensch (Kollektiv) / Sd
   c – Mitteilungsinhalt / Sa, NS (daß), Inf
3. Der Richter / Lehrer verneint der Verteidigung / dem Schüler die Frage. – Er verneint ihm, daß er jemanden gesehen habe / jemanden gesehen zu haben.

verraten (verriet, hat verraten)

Der Gefangene (a) verriet den Feinden (b) den Plan (c).
1. ‚unerlaubt ein Geheimnis zur Kenntnis bringen'
2. a – Täter / Mensch (Kollektiv) / Sn
   b – Adressat / Mensch (Kollektiv) / Sd
   c – Mitteilungsinhalt / Sa, NS (daß), Inf
3. Der Junge verriet seinem Freund das Ziel der Wanderung. – Sie verriet ihnen, daß sie alte Kostüme anziehen wollen / eine Überraschung geplant zu haben.

vorschlagen (schlug vor, hat vorgeschlagen)

Der Leiter (a) schlug den Anwesenden (b) einen Kompromiß (c) vor.
1. ‚zu künftigem Handeln anregen'
2. a – Täter / Mensch (Kollektiv) / Sn
   b – Adressat / Mensch (Kollektiv) / Sd
   c – Mitteilungsinhalt / Sa, NS (daß), Inf
3. Der Reiseleiter / Lehrer schlägt der Gruppe / Klasse den Besuch des Museums vor. – Er schlägt ihr vor, daß zuerst eine Lampe gekauft wird / zuerst eine Lampe zu kaufen.

vortragen (trug vor, hat vorgetragen)

Die Schauspielerin (a) trug den Gästen (b) ein Gedicht (c) vor.
1. ‚offiziell, nach bestimmten Regeln zur Kenntnis bringen'
2. a – Täter / Mensch (Kollektiv) / Sn
   b – Adressat / Mensch (Kollektiv) / Sd
   c – Mitteilungsinhalt / Sa, NS (daß)
3. Der Schriftsteller / Lehrer trägt den Zuhörern / Kindern eine Geschichte vor. – Er trägt dem Arzt vor, daß sie starke Schmerzen habe.

zusagen (sagte zu, hat zugesagt)
Die Kinder (a) sagten dem Rentner (b) Hilfe (c) zu.
1. ‚Bereitschaft zu künftigem Handeln erklären'
2. a – Täter/Mensch (Kollektiv)/Sn
   b – Adressat/Mensch (Kollektiv)/Sd
   c – Mitteilungsinhalt/Sa, NS (daß), Inf
3. Das Volkskunstensemble/die Singegruppe sagt dem Dorfklub/dem Kulturhaus einen Auftritt zu. – Er sagt ihm zu, daß er ihm helfen wird/ihm zu helfen.

Übungen

1. *mitteilen – erklären – erläutern – verkünden – erzählen*
   Welches Verb wählen Sie?

   1) Der Ingenieur ... den Arbeitern die Maschine.
   2) Der Präsident ... dem Parlament ein neues Gesetz.
   3) Die Lehrerin ... den Schülern ein aufregendes Erlebnis.
   4) Die Frau sollte ihrer Freundin die Anfangszeit des Sportfestes ...
   5) Die Mutter ... ihrer Tochter, warum sie am Abend allein bleiben müsse.
   6) Der Richter ... den Anwesenden das Urteil.
   7) Der Brigadier ... den Brigademitgliedern die Vorteile der neuen Arbeitsmethode.
   8) Der Lehrmeister ... den Lehrlingen den Aufbau und die Funktion der Drehbank.

2. *bekanntgeben – ankündigen – übermitteln – melden – vorschlagen*
   Welches Verb wählen Sie?

   1) Der Stadionsprecher ... den Zuschauern die Ankunft der Radfahrer ...
   2) Der Hausbesitzer ... der Polizei den Einbruch in sein Haus.
   3) Der Verlag ... seinen Lesern das Erscheinen eines neuen Wörterbuches ...
   4) Die Jury ... die Gewinner der Tombola ...
   5) Der erkrankte Abteilungsleiter ... seinen Kolleginnen herzliche Glückwünsche zum Internationalen Frauentag.
   6) Der Delegationsleiter ... der Delegation den Besuch der Gedenkstätte ...
   7) Die Schüler ... ihrem Lehrer, daß ein Mitschüler zurückgeblieben ist.
   8) Der Versammlungsleiter ... den Delegierten die Grüße des Vorsitzenden der Blockpartei.

3. *gestehen – verraten – hinterbringen – bestellen – beichten*
   Welches Verb wählen Sie?

   1) Da ihn sein Gewissen zu stark quälte, ... der junge Mann seinem Vater, daß er ihn belogen hatte.

2) Erst als der Kommissar ihm unwiderlegbare Beweise vorlegte, ... der Verbrecher ihm, die Tat begangen zu haben.
3) Stephan ... seinem Bruder das ihm anvertraute Geheimnis.
4) Der Klassenleiter ließ den Eltern des undisziplinierten Schülers ..., daß er sie am nächsten Donnerstag sprechen möchte.
5) Der Vater forderte seinen Sohn in strengem Ton auf, zu ..., was er wieder angestellt habe.
6) ... deinen Eltern herzliche Grüße von mir.
7) Als die Mutter sie ins Bett brachte, ... das Mädchen ihr, daß sie aus Versehen die mundgeblasene Vase zerbrochen hat.
8) Das Mädchen ... ihrer Freundin, daß sie sich schon oft heimlich mit ihrem Freund abends im Park getroffen hat.
9) Der Denunziant ... seinem Vorgesetzten, daß sich einige Mitarbeiter sehr abfällig über die Betriebsleitung geäußert haben.

4. *den Dank für ihren Einsatz – sein Vergehen – das Urteil – über die Olympiade*
Welchen Mitteilungsinhalt ordnen Sie folgenden Sätzen zu?

1) Sie berichteten ihren Freunden ...
2) Er verkündete den Anwesenden ...
3) Er gestand den Eltern ...
4) Er sprach den Feuerwehrleuten ... aus.

5. Ersetzen Sie das Verb *mitteilen* durch ein passendes Verb des Wortfeldes!

1) Der Kraftfahrer teilte dem Polizisten mit, wie der Unfall zustande kam.
2) Die Großmutter teilte den Enkeln ein Märchen mit.
3) Der Innenarchitekt teilte uns mit, wie die Räume des Hauses aussehen sollen.
4) Der Archäologe teilte uns mit, wie die alte Stadt ausgesehen hat.
5) Die Krankenschwester teilte den Angehörigen die Bitte des Patienten mit.

6. Beurteilen Sie die semantische Verträglichkeit von Verb und Aktanten in den folgenden Sätzen! Korrigieren Sie die semantische Unverträglichkeit!

1) Der Abteilungsleiter übermittelte den Angestellten den Dank des Direktors.
2) Die Reiseleiterin verriet der Reisegruppe eine Besichtigung des Schlosses.
3) Der Werkdirektor hinterbrachte seinem Stellvertreter, daß die Produktion gesteigert werden müsse.
4) Der Fahrer schilderte seiner Frau die Reiseerlebnisse.
5) Der Lehrmeister gab dem Lehrling bekannt, daß er einen Fehler gemacht habe.

7. Beurteilen Sie die semantische Verträglichkeit von Verb und Aktanten in den folgenden Sätzen!
Korrigieren Sie die semantische Unverträglichkeit!

1) Der Junge kündigte seinem Vater an, daß er aus Übermut das Scheunenfenster eingeworfen habe.
2) Der junge Mann gestand dem Fremden den Weg zum Dom.

3) Der Vertreter des Patenbetriebes berichtete den Anwesenden die Grüße der Betriebsleitung.
4) Die Großmutter teilte ihrer Enkeltochter ein Märchen mit.
5) Der Diensthabende erzählte sofort dem Offizier den Zwischenfall.
6) Der Betriebsleiter informierte die Belegschaft über die Vorhaben im nächsten Jahr.
7) Die Mutter verneinte der Tochter den Besuch der Disko.
8) Der Tenor übermittelte den Gästen zwei Lieder von Schubert.
9) Die Singegruppe sagte dem Klubhausleiter einen Auftritt im nächsten Monat zu.

8. Bilden Sie von folgenden Verben des Mitteilens Verbalsubstantive (Abstrakta), und verbinden Sie die Substantive mit passenden substantivischen Attributen!

vorschlagen – verraten – vortragen – verneinen – übermitteln – mitteilen – melden – informieren

Verben des Argumentierens

Unter *Argumentieren* wird eine komplexe geistig-sprachliche Tätigkeit verstanden, die auf die Überzeugung des Kommunikationspartners von der Richtigkeit oder Falschheit von Aussagen, von der Nützlichkeit oder Schädlichkeit von Sachverhalten gerichtet ist. Die Verben dieses Wortfeldes sind zwei- oder dreiwertig.

Übersicht über das Wortfeld

1. ‚komplex, umfassend':
   argumentieren
2. ‚auf den Nachweis der Übereinstimmung einer Aussage mit dem widergespiegelten Wirklichkeitsausschnitt gerichtet':
   beweisen, unter Beweis stellen, den Beweis antreten / führen / liefern, nachweisen, den Nachweis führen
3. ‚auf den Nachweis der Falschheit einer Aussage, ihrer Nichtübereinstimmung mit dem widergespiegelten Wirklichkeitsausschnitt gerichtet':
   widerlegen, dementieren, falsifizieren, eine Aussage entkräften / erschüttern
4. ‚Anführen von Gründen für die Richtigkeit einer Aussage oder für die Notwendigkeit bzw. den Nutzen einer Handlung':
   begründen
5. ‚Ableiten einer neuen Erkenntnis aus gegebenem, bekanntem Wissen':
   folgern, schließen, schlußfolgern, zu dem Schluß kommen, den Schluß ziehen, die Schlußfolgerung ziehen

Beschreibung der Wörter

argumentieren (argumentierte, hat argumentiert)

Der Mediziner (a) argumentierte mit einleuchtenden Gründen (b) gegen das Rauchen (c).
1. ‚Tätigkeit', ‚sprachlich-kommunikativ', ‚Überzeugungsabsicht', ‚komplex'
2. a – Täter/Mensch (Kollektiv)/Sn
   (b) – Instrument/Äußerung/pS (mit)
   c – erstrebtes Ziel oder bekämpfter Sachverhalt/Geschehen/pS (für, gegen), NS (daß)
3. Der Politiker argumentiert mit treffenden Worten für die Abrüstung. Der Vorstand/die Leitung argumentiert für den Entschließungsentwurf. – Der Diskussionsredner argumentiert für/gegen ein gemeinsames Theateranrecht. Der Verteidiger argumentiert, daß der Angeklagte volltrunken gehandelt hat.

begründen (begründete, hat begründet)

Der Antragsteller (a) begründet sein Gesuch (b) mit seiner Notlage (c).
1. ‚Tätigkeit', ‚sprachlich-kommunikativ', ‚Überzeugungsabsicht', ‚Anführen von Gründen für die Richtigkeit einer Aussage oder Handlung'
2. a – Täter/Mensch (Kollektiv, Institution)/Sn
   b – Thema/Text, Handlung (menschlich)/Sa, NS (daß, w)
   (c) – Instrument/Äußerungsinhalt/pS (mit), NS (daß)
3. Der Staatsmann begründet das Regierungsprogramm. Die Parteiführung begründet den Vorschlag mit Bürgerinteressen. – Der Staatsanwalt begründet die Anklage/den Beweisantrag mit Indizien. Der Minister begründet die Gesetzesvorlage mit Sicherheitsbedürfnissen.

*beweisen*₁ (bewies, hat bewiesen)

Der Polizist (a) beweist die Schuld (b) des Mopedfahrers.
1. ‚Tätigkeit', ‚sprachlich-kommunikativ', ‚auf These Bezug nehmend', ‚mit Tatsachen übereinstimmend'
2. a – Täter/Mensch (Kollektiv, Institution)/Sn
   b – These/Aussage, Eigenschaft/Sa, NS (daß, ob, w)
3. Der Angeklagte konnte seine Unschuld beweisen. Das Komitee beweist den Inhalt der Denkschrift. – Die Arbeiterkontrolleure beweisen, daß die Verantwortlichen fahrlässig gehandelt haben. Der Gelehrte beweist die Stichhaltigkeit seiner Hypothesen.

*beweisen*₂ (bewies, hat bewiesen)

Die Ermittlungsergebnisse (a) der Polizei beweisen die Schuld (b) des Angeklagten.

1. ‚Wirkungspotenz', ‚auf These bezugnehmend', ‚mit Tatsachen übereinstimmend', ‚Überzeugungswirkung'
2. a – Instrument (Beweismittel)/Text, Geschehen/Sn, NS (daß)
   b – These/Aussage, Eigenschaft/Sa, NS (daß, ob, w)
3. Die Recherchen beweisen die Mängel der Arbeitsorganisation. – Daß so viele Menschen dem Appell gefolgt sind, beweist, daß sie den Nutzen dieses Einsatzes anerkennen.

dementieren (dementierte, hat dementiert)

Der Nachrichtensprecher (a) dementiert die Falschmeldung (b) vom vergangenen Tage.

1. ‚Tätigkeit', ‚sprachlich-kommunikativ', ‚auf Äußerung Bezug nehmend', ‚richtigstellend'
2. a – Täter/Mensch (Kollektiv, Institution)/Sn
   b – These/Text, Geschehen/Sa, NS (daß)
3. Der Sachverständige dementiert irrige Angaben der Anklageschrift. Die Redaktion/Agentur dementiert ihre Nachricht vom Vortage. – Der Präsident dementiert, daß die Regierung zurückgetreten sei.

falsifizieren (falsifizierte, hat falsifiziert)

Der Wissenschaftler (a) falsifiziert ältere Hypothesen (b).

1. ‚Tätigkeit', ‚sprachlich-kommunikativ', ‚auf Äußerung Bezug nehmend', ‚Nachweis der Falschheit'
2. a – Täter/Mensch (Kollektiv, Institution)/Sn
   b – These/Text, Geschehen/Sa, NS (daß)
3. Der Zeuge falsifiziert die Verdachtsmomente der Polizei. Das Anwaltsbüro falsifiziert die anonymen Anschuldigungen. – Der Zoologe falsifiziert, daß die Blindschleiche eine giftige Schlange sei.

folgern (folgerte, hat gefolgert)

Der Astronom (a) folgerte aus den Bahnen (b) der Planeten das Gravitationsgesetz (c).

1. ‚Tätigkeit', ‚geistig-sprachlich', ‚Ableiten einer neuen Erkenntnis aus bekanntem Wissen'
2. a – Täter/Mensch (Kollektiv)/Sn
   (b) – Prämisse/Geschehen, Eigenschaft/pS (aus), NS (daß)
   c – Resultat/Geschehen, Eigenschaft/Sa, NS (daß)
3. Die Richter/das Gericht können/kann aus dem lückenhaften Beweismaterial die Schuld des Angeklagten nicht folgern. – Der Lehrer folgert aus einer schriftlichen Leistungskontrolle, daß die Schüler den Unterrichtsstoff verstanden haben. – Daraus, daß Petra keine Einwände vorbrachte, folgerte ihre Freundin, daß sie den Vorschlag annehmen würde.

den Beweis führen / liefern / antreten (führte / lieferte / trat den Beweis an, hat den Beweis geführt / geliefert / angetreten)
= beweisen

nachweisen (wies nach, hat nachgewiesen)

Der Untersuchungsrichter (a) hat dem Verdächtigen (b) den Diebstahl (c) nachgewiesen.
1. ‚Tätigkeit', ‚sprachlich-kommunikativ', ‚auf These Bezug nehmend', ‚mit den Tatsachen übereinstimmend'
2. a – Täter / Mensch (Kollektiv, Institution) / Sn
   (b) – Empfänger (Adressat) / Mensch (Kollektiv, Institution) / Sd
   c – These / Aussage, Eigenschaft / Sa, NS (daß, ob, w)
3. Der Mediziner / das Forschungskollektiv / das Forschungsinstitut hat nachgewiesen, daß Menschen mit künstlicher Niere leben können. – Der Bewerber weist dem Direktor / der Kommission seine Eignung für die angebotene Tätigkeit nach. Der Verdächtige weist dem Untersuchungsrichter nach, daß er während der Tatzeit nicht am Tatort war.

den Nachweis führen (führte den Nachweis, hat den Nachweis geführt)

Der Angeklagte (a) führte den Nachweis seiner Unschuld (b).
1. ‚Tätigkeit', ‚sprachlich-kommunikativ', ‚auf These Bezug nehmend', ‚mit den Tatsachen übereinstimmend'
2. a – Täter / Mensch (Kollektiv, Institution) / Sn
   b – These / Geschehen, Eigenschaft / Sg, NS (daß)
3. Der Sachverständige führte den Nachweis der Dokumentenfälschung. – Er führte den Nachweis, daß das Dokument gefälscht worden war.

schließen (schloß, hat geschlossen)

Die Mutter (a) schließt aus der Freude (b) der Tochter, daß dieser das Geschenk gefallen hat (c).
1. ‚Tätigkeit', ‚geistig-sprachlich', ‚Ableiten einer neuen Erkenntnis aus bekanntem Wissen'
2. a – Täter / Mensch (Kollektiv) / Sn
   (b) – Prämisse / Geschehen, Eigenschaft / pS (aus), NS (daß)
   c – Resultat / Geschehen, Eigenschaft / pS (auf) NS (daß, ob, w)
3. Die Archäologen schließen aus diesen Funden auf einen Vulkan. – Daraus, daß du nach Einzelheiten fragst, schließe ich, daß du an diesem Geschäft interessiert bist. – Aus den Fährten kann der Jäger schließen, wo sich ein Wildwechsel befindet.

schlußfolgern (schlußfolgerte, hat geschlußfolgert)
= schließen

zu dem Schluß kommen (kam zu dem Schluß, ist zu dem Schluß gekommen)

Der Arzt (a) kam zu dem Schluß, daß der Patient wieder arbeitsfähig ist (b).

1. ‚Tätigkeit', ‚geistig-sprachlich', ‚Ableiten einer neuen Erkenntnis aus gegebenen Tatsachen'
2. a – Täter/Mensch (Kollektiv)/Sn
   b – Resultat/Geschehen, Eigenschaft/Sg, NS (daß)
3. Aufgrund der Zeugenaussagen kam das Gericht zu dem Schluß der Schuld des Angeklagten.

den Schluß / die Schlußfolgerung ziehen (zog den Schluß, hat den Schluß gezogen)
= zu dem Schluß kommen

*widerlegen*₁ (widerlegte, hat widerlegt)

Der Verteidiger (a) widerlegt die Behauptung (b) des Klägers.

1. ‚Tätigkeit', ‚sprachlich-kommunikativ', ‚auf These Bezug nehmend', ‚Nachweis der Falschheit'
2. a – Täter/Mensch (Kollektiv, Institution)/Sn
   b – These/Geschehen, Eigenschaft/Sa, NS (daß)
3. Der Gelehrte/das Forschungskollektiv/das Forschungsinstitut widerlegte die Hypothese. – Der Sachverständige widerlegte, daß Rudolf Diesel ermordet worden sei.

*widerlegen*₂ (widerlegte, hat widerlegt)

Diese Versuchsserie (a) widerlegt die Ausgangshypothese (b).

1. ‚Wirkungspotenz', ‚auf These Bezug nehmend', ‚Nachweis der Falschheit'
2. a – Instrument (Beweismittel)/Geschehen/Sn, NS (daß)
   b – These/Aussage, Eigenschaft/Sa, NS (daß)
3. Das Alibi des Verdächtigten widerlegt die Beschuldigung durch den Kläger. – Daß der Angeklagte zur Tatzeit im Theater gesehen wurde, widerlegt den gegen ihn erhobenen Verdacht des Einbruchs.

Anmerkung:
*widerlegen*₂ steht zu *widerlegen*₁ in der analogen/entsprechenden Bedeutungsbeziehung wie *beweisen*₂ zu *beweisen*₁.

eine/die Aussage entkräften/erschüttern (entkräftete/erschütterte die Aussage, hat die Aussage entkräftet/erschüttert)

Der Verteidiger (a) entkräftet/erschüttert die Argumente (b) des Staatsanwalts.

1. ‚Tätigkeit', ‚sprachlich-kommunikativ', ‚auf These Bezug nehmend', ‚Nachweis der Falschheit'

2. a – Täter/Mensch (Kollektiv, Institution)/Sn
   b – These/sprachliche Äußerung/Sa
3. Der Schöffe/das Gericht entkräftet die Unschuldbeteuerungen des Angeklagten.
   Der Opponent entkräftet/erschüttert die Beweisführung des Kandidaten.
   Der Diskussionsredner entkräftet/erschüttert die Behauptung des Referenten.

Übungen

1. *argumentieren – beweisen – nachweisen – widerlegen*
   Welches Verb wählen Sie?
   1) Der Referent ... überzeugend gegen die Umweltbelastung.
   2) Mit Hilfe geschickt gefärbter Präparate konnte Robert Koch den Erreger der Tuberkulose ...
   3) Der Strafverteidiger ..., daß der Angeklagte zu Unrecht verfassungsfeindlicher Tätigkeit beschuldigt wurde.
   4) Der Arzt ... dafür, daß alle regelmäßig Sport treiben.
   5) Mit einer lückenlosen Beweiskette ... der Gewerkschafter die Ausflüchte des Konzernvertreters.
   6) Der Lehrer ... mit zahlreichen Lichtbildern die stetige Aufwärtsentwicklung der Volkswirtschaft ...
   7) Der Philosoph ... mit Tatsachenbeweisen die wirklichkeitsfremde Scheintheorie.

2. *begründen – folgern – schließen – schlußfolgern – den Schluß ziehen – zu dem Schluß kommen*
   Welches Verb wählen Sie?
   1) Aus dem nassen Pflaster ... der Frühaufsteher, daß es nachts geregnet hatte.
   2) Der Direktor ... vor der Belegschaft das Produktionsprogramm.
   3) Aus den Untersuchungen der Wirtschaftswissenschaftler läßt sich ..., daß die Arbeitsproduktivität weiter wächst.
   4) Ich untersuchte das defekte Fahrzeug und ..., daß der Kraftstofftank undicht war.
   5) Kannst du deinen Verdacht gegen den Nachbarn ...?
   6) Aus einigen Symptomen des Patienten ... der Arzt auf Asthma.
   7) Woraus ... du, daß dein Freund krank ist?

3. Beurteilen Sie, ob die Verben in den folgenden Sätzen durch die in Klammern stehenden Verben ersetzt werden können!
   Begründen Sie Ihre Entscheidung!
   1) Der Staatsanwalt wies im Plädoyer nach, daß der Betriebsleiter seine Aufsichtspflicht verletzt hatte. (beweisen)
   2) Aus deinen Worten schließe ich, daß dir das Theaterstück gefallen hat. (folgern, zu dem Schluß kommen)

3) Beweise erst einmal, daß ich dich übervorteilt habe! (nachweisen, unter Beweis stellen)
4) Kannst du für deine gewagten Behauptungen den Beweis antreten? (beweisen, nachweisen, den Beweis liefern)
5) Der Wissenschaftler ist zu dem Schluß gekommen, daß er sein theoretisches Konzept ändern muß. (folgern, den Schluß ziehen)
6) Der Journalist widerlegt die gegnerische Argumentation. (entkräften, falsifizieren, dementieren)
7) Aus seinen Beobachtungsergebnissen folgerte der Meteorologe bevorstehende Nachtfröste. (schließen, zu dem Schluß kommen)

4. In welchen der folgenden Sätze ist das Verb nicht zutreffend? Berichtigen Sie, und beachten Sie dabei, daß der Ersatz des Verbs in manchen Fällen syntaktische Änderungen notwendig macht!

1) Der Chemiker bewies Alkohol in der Flüssigkeit.
2) Der Referent argumentierte gegen die Schädlichkeit des Alkohols.
3) Der Angeklagte folgerte überzeugend seine Unschuld.
4) Der Zeuge begründete den Einbruchsdiebstahl des Angeklagten.
5) Der Verteidiger folgerte die haltlosen Beschuldigungen des Klägers.
6) Aus den Krankheitssymptomen bewies der Arzt eine Bronchitis.
7) Aus monatelangen Beobachtungen schlußfolgerte der Zoologe die Gefahr des Aussterbens der Alligatoren.
8) Der Staatsanwalt argumentierte gegen die Schuld des Angeklagten.

Verben der Zustimmung

Unter *Zustimmung* wird das Einverständnis eines Menschen mit einem Sachverhalt, der an ihn herangetragen wurde bzw. mit dem er in Berührung kommt, verstanden.
Die Verben dieses Feldes sind vorwiegend zweiwertig.

Übersicht über das Wortfeld

1. allgemein:
zustimmen, akzeptieren;
einverstanden sein, eine positive Antwort geben, recht geben, seine Zustimmung geben
2. ‚nicht offiziell':
billigen, gutheißen, sanktionieren

3. ‚subjektiv wertend':
   bejahen, begrüßen, beipflichten;
   gleicher Ansicht sein, derselben Meinung sein
4. ‚offiziell':
   annehmen
5. ‚gültig', ‚richtig':
   bestätigen, genehmigen, beglaubigen, bescheinigen, bezeugen, ratifizieren;
   die Richtigkeit anerkennen
6. ‚zugehörig':
   sich bekennen

Beschreibung der Wörter

akzeptieren   (akzeptierte, hat akzeptiert)

Der Schriftsteller (a) akzeptierte die Änderungsvorschläge (b) des erfahrenen Lektors.

1. ‚Einverständnis', ‚Zustimmung', ‚positiv', ‚neutral'
2. a – Entscheidungsträger / Mensch (Kollektiv) / Sn
   b – Entscheidungsgegenstand / Mensch, Geschehen / Sa
3. Die Eltern akzeptieren den Freund ihrer Tochter. Der Sektionsdirektor akzeptierte den neuen Mitarbeiter nicht. Der Wohnungsinhaber vermochte den Untermieter nicht zu akzeptieren. Allmählich akzeptierte der Wissenschaftler den ehemaligen Kontrahenten als Partner. – Er akzeptierte den Vorschlag / den Wechsel / die Bedingung / die Änderung / das Angebot.

annehmen   (nahm an, hat angenommen)

Die Volkskammer (a) nahm den Entwurf (b) des Familiengesetzes einstimmig an.

1. ‚Einverständnis', ‚Zustimmung', ‚positiv', ‚offiziell'
2. a – Entscheidungsträger / Mensch (Kollektiv, Institution) / Sn
   b – Entscheidungsgegenstand / Geschehen, Ding (geistiges Produkt) / Sa
3. Die Delegierten nahmen die Resolution mit großer Mehrheit an. Der Lehrkörper der Hochschule nahm die Entschließung an. – Er nahm die Wahl zum Vorsitzenden / den Vorschlag zur Kandidatur / den Auftrag als Unterhändler an. Die Fakultät nahm die Dissertation an.

beglaubigen   (beglaubigte, hat beglaubigt)

Der Kunstsachverständige (a) beglaubigte dem Sammler (b) die Echtheit (c) des Kunstwerkes.

1. ‚Einverständnis', ‚Zustimmung', ‚positiv', ‚gültig', ‚richtig', ‚rechtskräftig', ‚amtlich', ‚schriftlich'

2. a – Entscheidungsträger/Mensch (Kollektiv, Institution) (befugt)/Sn
   (b) – Entscheidungsempfänger/Mensch (Kollektiv, Institution)/Sd
   c – Entscheidungsgegenstand/Ding (Dokument), Merkmal/Sa
3. Der Notar beglaubigte dem Betrieb die Echtheit der Dokumente. Das Direktorat/die Sachbearbeiterin beglaubigte dem Studenten die Zeugnisabschrift. Das Notariat beglaubigte das Testament. – Er beglaubigte dem Antragsteller/der Erbengemeinschaft/der Außenstelle/dem Gremium/der Institution die Echtheit des Schriftstückes. Er beglaubigte ihm die Echtheit der Statue. Er beglaubigte ihm die Abschrift der Vorlage.

begrüßen (begrüßte, hat begrüßt)

Die Vertrauensleute (a) begrüßten den Vorschlag (b) des Gewerkschaftsvorsitzenden, das Ferienheim auszubauen.

1. ‚Einverständnis', ‚Zustimmung', ‚positiv', ‚richtig', ‚erfreulich', ‚subjektiv wertend'
2. a – Entscheidungsträger/Mensch (Kollektiv)/Sn
   b – Entscheidungsgegenstand/Geschehen/Sa, NS (daß)
3. Die Leser begrüßten das Erscheinen des neuen Romans des kritischen Autors. Der Leiter begrüßte den Entschluß seines Mitarbeiters. Die Brigade begrüßte den Vorschlag ihres Brigadiers. – Er begrüßte den Entschluß der Mitarbeiter, sich um den jungen Kollegen zu kümmern. Sie begrüßten den Plan/das Vorhaben ihres Kommandeurs. Sie begrüßten, daß das neue Theaterstück aufgeführt wird/das kritische Buch erscheint. Es ist zu begrüßen, daß wir uns auf ein gemeinsames Vorhaben geeinigt haben.

beipflichten (pflichtete bei, hat beigepflichtet)

Die Zuhörer (a) pflichteten dem Redner (b) bei, als er auf die kritikwürdigen Zustände im Wohngebiet hinwies.

1. ‚Einverständnis', ‚Zustimmung', ‚positiv', ‚richtig', ‚subjektiv wertend'
2. a – Entscheidungsträger/Mensch (Kollektiv)/Sn
   b – Entscheidungsgegenstand/Mensch, Geschehen/Sd
3. Der Diskussionsredner pflichtete dem Referenten bei. – Er pflichtete dem Direktor/seiner Arbeitskollegin/dem Vorredner/ihrem Freund bei. Sie pflichteten dem Vorschlag/der Ansicht/der Bemerkung/der Meinung/dem Urteil des Kollegen bei.

Hierher auch: gleicher Ansicht sein, derselben Meinung sein.

bejahen (bejahte, hat bejaht)

Die Klasse (a) bejahte den Vorschlag (b) ihrer Klassenlehrerin.

1. ‚Einverständnis', ‚Zustimmung', ‚positiv', ‚richtig', ‚erfreulich', ‚überzeugt', ‚zur Handlung bereit', ‚subjektiv wertend'

2. a – Entscheidungsträger / Mensch / Sn
   b – Entscheidungsgegenstand / Geschehen / Sa
3. Der junge Mann / der Arbeiter / der Künstler bejahte das Vorhaben des Leiters. – Sie bejahten den Plan / das Vorhaben / das geplante Unternehmen ihres Kommandeurs. Er bejahte das Leben voll und ganz.

bescheinigen (bescheinigte, hat bescheinigt)

Die Prüfungsstelle (a) bescheinigte dem Absolventen (b) die Richtigkeit (c) der Zeugnisabschrift.

1. ‚Einverständnis', ‚Zustimmung', ‚positiv', ‚gültig', ‚richtig', ‚rechtskräftig', ‚schriftlich'
2. a – Entscheidungsträger / Mensch (Institution) (befugt) / Sn
   b – Entscheidungsempfänger / Mensch / Sd
   c – Entscheidungsgegenstand / Geschehen / Sa, NS (daß)
3. Der Lagerleiter bescheinigte der Studentin ihre gute Mitarbeit im Ferienlager. Der Zugführer bescheinigte dem Reisenden, daß er unverschuldet das Reiseziel verspätet erreicht hat. Der Arzt bescheinigt dem Schüler, daß er für ein Jahr vom Sport befreit ist. Die Frau bescheinigt ihm den Empfang des Geldes. Der Arzt bescheinigt den Tod der Frau.

bestätigen (bestätigte, hat bestätigt)

Der Oberarzt (a) bestätigte die Diagnose (b) des Assistenzarztes.

1. ‚Einverständnis', ‚Zustimmung', ‚positiv', ‚gültig', ‚richtig'
2. a – Entscheidungsträger / Mensch / Sn
   b – Entscheidungsgegenstand / Geschehen, Merkmal / Sa, NS (daß)
3. Der Augenzeuge / die Reisende / der Fahrer bestätigte die Aussage der Frau. – Er bestätigte den Verdacht / die Vermutung / die Ansicht / die Behauptung des Mannes. Er bestätigte, daß er den Angeklagten zu der fraglichen Zeit am Tatort gesehen hat. Der Sachverständige bestätigte die Echtheit der Dokumente. Sprichwort: Die Ausnahme bestätigt die Regel.

Hierher auch: die Richtigkeit anerkennen

bezeugen (bezeugte, hat bezeugt)

Die von der Verteidigung aufgerufene junge Frau (a) konnte die Richtigkeit (b) der Angaben des Angeklagten bezeugen.

1. ‚Einverständnis', ‚Zustimmung', ‚positiv', ‚gültig', ‚richtig', ‚wahr', ‚beweiskräftig'
2. a – Entscheidungsträger / Mensch (Kollektiv) / Sn
   b – Entscheidungsgegenstand / Merkmal / Sa, NS (daß)
3. Der Taxifahrer konnte bezeugen, daß sich der Fahrer des Lastzuges einwandfrei verhalten hatte. – Sie konnte die Unschuld des Angeklagten / die Glaubwürdigkeit des Mitarbeiters / die Wahrheit seiner Aussage bezeugen.

billigen (billigte, hat gebilligt)

Die Eltern (a) billigten den Entschluß (b) ihrer Tochter, mehrere Jahre im Ausland zu studieren.

1. ‚Einverständnis', ‚Zustimmung', ‚positiv', ‚nicht offiziell'
2. a – Entscheidungsträger/Mensch/Sn
   b – Entscheidungsgegenstand/Geschehen/Sa
3. Ihr Freund billigt ihre Entscheidung nicht. Der Kollege/der Nachbar/die Schwester billigte seinen Entschluß. – Sie billigte seinen Plan/seinen Vorschlag/seine Haltung/sein Vorhaben/seine Einstellung/seine Ansicht/seine Anschauung. Er billigte ihren Schritt völlig.

genehmigen (genehmigte, hat genehmigt)

Der Werkleiter (a) genehmigte dem Brigadier (b) den Sonderurlaub (c).

1. ‚Einverständnis', ‚Zustimmung', ‚positiv', ‚gültig', ‚richtig', ‚rechtskräftig'
2. a – Entscheidungsträger/Mensch (Institution) (befugt)/Sn
   b – Entscheidungsempfänger/Mensch (Institution)/Sd
   c – Entscheidungsgegenstand/Geschehen/Sa, Inf
3. Der Direktor/der Abteilungsleiter/der Ausschuß/die Kommission/die BGL hat ihm den Antrag genehmigt. – Er hat es dem Antragsteller/der jungen Frau/dem Werktätigen/der Gemeinde genehmigt. – Er genehmigte ihm das Gesuch/den Antrag auf Freistellung/den Aufenthalt. Er genehmigte ihm, am Wochenende nach Hause zu fahren.

gutheißen (hieß gut, hat gutgeheißen)

Die Eltern (a) haben den Entschluß (b) ihrer Tochter, im Ausland zu studieren, gutgeheißen.

1. ‚Einverständnis', ‚Zustimmung', ‚positiv', ‚richtig', ‚nicht offiziell', ‚erfreulich', ‚nachahmenswert'
2. a – Entscheidungsträger/Mensch (Kollektiv)/Sn
   b – Entscheidungsgegenstand/Geschehen/Sa
3. Der Direktor/die Mutter/der Kollege/die Brigade hat ihre Entscheidung gutgeheißen. – Er hat den Beschluß/den Entschluß des Kollegen/die Festlegung/das Vorhaben/ihr Verhalten gutgeheißen.

ratifizieren (ratifizierte, hat ratifiziert)

Die Volkskammer (a) ratifizierte den Freundschaftsvertrag (b).

1. ‚Einverständnis', ‚Zustimmung', ‚positiv', ‚gültig', ‚richtig', ‚offiziell', ‚rechtskräftig'
2. a – Entscheidungsträger/Mensch (höchstes Staatsorgan)/Sn
   b – Entscheidungsgegenstand/Geschehen (Vertrag)/Sa
3. Das Parlament ratifizierte den Friedensvertrag.

sanktionieren (sanktionierte, hat sanktioniert)
Die Schulleitung (a) konnte die Haltung (b) des Lehrers nicht sanktionieren.
1. ‚Einverständnis', ‚Zustimmung', ‚positiv', ‚richtig', ‚nicht offiziell'
2. a – Entscheidungsträger/Mensch (Kollektiv)/Sn
   b – Entscheidungsgegenstand/Geschehen/Sa
3. Der Vorstand/die Mehrzahl der Mitglieder/der Vorsitzende sanktionierte das Bauvorhaben. – Er sanktionierte das Auftreten/die Entscheidung/das Vorgehen des Mitarbeiters.

sich bekennen (bekannte sich, hat sich bekannt)
In der Diskussion bekannten sich nur wenige Experten (a) zu der neuen Theorie (b) des Referenten.
1. ‚Einverständnis', ‚Zustimmung', ‚positiv', ‚zugehörig', ‚offen'
2. a – Entscheidungsträger/Mensch/Sn
   b – Entscheidungsgegenstand/Mensch, Geschehen/pSd (zu)
3. Der Wissenschaftler/die Frau/sein Freund bekannte sich zu seiner Ansicht. – Er bekannte sich zu seinem Freund/zu seiner Frau/zu dem Autor. Sie bekannte sich zu der Lehre/der Weltanschauung/der Meinung/der Auffassung/der Einstellung.

zustimmen (stimmte zu, hat zugestimmt)
Die Arbeiter (a) stimmten dem Vorschlag (b) des Brigadiers zu, das neue Verfahren zu übernehmen.
1. ‚Einverständnis', ‚Zustimmung', ‚positiv', ‚neutral'
2. a – Entscheidungsträger/Mensch (Institution, Kollektiv)/Sn
   b – Entscheidungsgegenstand/Mensch, Geschehen/Sd
3. Die Hochschule/die Sportgruppe/der Arbeitskollege stimmte dem Aufruf zu. – Er stimmte dem Freund/dem Arbeitskollegen/der Referentin zu. Sie stimmten dem Programm/den Ausführungen/der Konzeption zu. – Der Vorschlag fand ein zustimmendes Echo. Die Rednerin wurde wiederholt von zustimmenden Zwischenrufen unterbrochen.

Übungen

1. *bescheinigen – genehmigen – beglaubigen*
   Welches Verb wählen Sie?
   1) Die Polizei ... dem Artisten den Einreiseantrag.
   2) Der Notar ... dem Handwerksmeister die Abschrift der Urkunde.
   3) Die Direktorin der Oberschule ... dem Schüler den Antrag auf Freistellung vom Unterricht.

4) Der Bankangestellte ... dem Kassierer den Empfang des Geldes.
5) Der Sohn ließ das Testament seines Vaters notariell ...
6) Das Dekanat ... dem jungen Mann die Richtigkeit der Abschrift der Promotionsurkunde.
7) Die Gewerkschaftsleitung ... den Antrag der Sekretärin auf eine einmalige finanzielle Unterstützung.

2. *zustimmen – billigen – akzeptieren*
   Welches Verb wählen Sie?
   1) Erst nach einigen Monaten hat der Vater den Freund seiner Tochter ...
   2) Alle Kollegen haben dem Vorschlag ihres Abteilungsleiters sofort ..., die Kollektivprämie für eine Fahrt nach Prag zu nutzen.
   3) Der Herausforderer ... das Remisangebot des Weltmeisters.
   4) Das Arbeitskollektiv ... den Entwurf des Forschungsplanes ihres Leiters.
   5) Das Ministerium hat der Konzeption für die Weiterbildungskurse ...
   6) Die Eltern ... das Vorhaben ihrer Tochter, gemeinsam mit ihrem Freund in den Urlaub zu fahren.
   7) Dem Aufruf, die Stadt zur 750-Jahr-Feier festlich zu schmücken, haben die Einwohner ...

3. *ratifizieren – sanktionieren – akzeptieren*
   Welches Verb wählen Sie?
   1) Leider ... viele Mitarbeiter das disziplinlose Verhalten des jungen Kollegen.
   2) Erst nach Wochen ... die Eltern die Freundin ihres Sohnes.
   3) Allmählich ... der Wissenschaftler den ehemaligen Kontrahenten als Partner.
   4) Einstimmig ... das Parlament den Friedensvertrag.
   5) Die Unterhändler ... die Bedingungen der Verhandlungspartner.
   6) Obwohl sich der Abteilungsleiter heftiger Kritik aussetzte, ... er das Auftreten seines Mitarbeiters.
   7) Am Donnerstag ... die Volkskammer den Freundschaftsvertrag mit der Sowjetunion.

4. *annehmen – begrüßen – bestätigen – bezeugen*
   Welches Verb wählen Sie?
   1) Die Chormitglieder ... freudig den Vorschlag des Chorleiters, eine Auslandstournee zu unternehmen.
   2) Der Wissenschaftler hat die Wahl zum Vorsitzenden der Kommission ...
   3) Der Lehrer ... den Entschluß der Klasse, sich intensiv um die leistungsschwächeren Mitschüler zu kümmern.
   4) Der Augenzeuge ... die Aussage des Kraftfahrers.
   5) Der Sachverständige ... die Echtheit des Kunstwerkes.
   6) Die Verkäuferin konnte vor Gericht ..., daß die Angaben des Angeklagten richtig sind.
   7) Das Parlament hat das Gesetz erst in dritter Lesung ...
   8) Der Abteilungsleiter konnte die Glaubwürdigkeit des Mitarbeiters vor der Hochschulleitung ...

5. Ersetzen Sie das hervorgehobene Wort durch das antonyme Verb!
   1) Er hat die Wahl zum Vorsitzenden abgelehnt.
   2) Er hat das Vorhaben seines Freundes verneint.
   3) Das Bezirksgericht hat das Urteil des Kreisgerichts aufgehoben.
   4) Der Rektor hat dem Professor den Studienurlaub verweigert.
   5) Die Mehrzahl der Besucher bedauerte, daß das Theaterstück in einer Neufassung aufgeführt wurde.
   6) Die Eltern haben die Entscheidung ihres Sohnes abgelehnt.

6. Ersetzen Sie das hervorgehobene Wort durch das in Klammern stehende Verb!
   Achten Sie auf die Rektion!
   1) Der Expeditionsleiter akzeptiert den Vorschlag des jungen Bergsteigers.   (zustimmen)
   2) Die Kongreßteilnehmer haben den Beschluß des Präsidiums gutgeheißen.   (beipflichten)
   3) Die Versammlung stimmte der Entschließung zu, die der Versammlungsleiter vorlas.   (annehmen)
   4) Das Lehrerkollegium stimmte den Darlegungen des Direktors zu.   (einverstanden sein)
   5) Der junge Römer bejahte die Lehre der Christin.   (sich bekennen)

7. Entscheiden Sie, bei welchen Verben das Subjekt das Sem ‚befugt' aufweisen muß, um eine sinnvolle Verbindung mit dem jeweiligen Verb eingehen zu können!

   zustimmen – billigen – annehmen – bestätigen – gutheißen – genehmigen – begrüßen – ratifizieren – bescheinigen – bezeugen – beglaubigen – akzeptieren

8. Ersetzen Sie das Verb *zustimmen* durch ein anderes Verb dieses Wortfeldes!
   Begründen Sie Ihre Entscheidung!
   Achten Sie auf die Rektion!

   1) Die Fakultät der Hochschule hat der Dissertation zugestimmt.
   2) Die Brigade hat dem Vorschlag ihres Brigadiers zugestimmt.
   3) Der Verhandlungspartner hat erst nach langem Zögern den Bedingungen der Gegenseite zugestimmt.
   4) Der erfahrene Wissenschaftler stimmt voll und ganz der neuen Erkenntnis seines jungen Kollegen zu.
   5) Die junge Frau hat dem Entschluß ihres Mannes zugestimmt, einen mehrjährigen Auslandseinsatz zu übernehmen.
   6) Der Sektionsdirektor hat dem Vorhaben seiner Mitarbeiter zugestimmt.
   7) Das Parlament stimmt dem Friedensvertrag zu.

9. Entscheiden Sie, ob die Verträglichkeit in den folgenden Sätzen gewährleistet ist! Ersetzen Sie gegebenenfalls das Verb *zustimmen* durch ein anderes Verb dieses Wortfeldes!
   Begründen Sie Ihre Entscheidung!
   Achten Sie auf die Rektion!

1) Der Notar stimmte der Echtheit der Dokumente zu.
2) Die Sachbearbeiterin stimmte dem Empfang des Geldes zu.
3) Der Oberarzt stimmte der Diagnose des Assistenzarztes zu.
4) Der Zeuge konnte der Unschuld der Angeklagten zustimmen.
5) Der Abteilungsleiter stimmte dem Sonderurlaub des Mitarbeiters zu.

Verben des Leitens

Unter *Leiten* wird die bewußte, zielgerichtete, bestimmende Einflußnahme eines Menschen oder einer Menschengruppe auf das Handeln eines anderen Menschen oder einer Menschengruppe bzw. auf einen Prozeß verstanden.
Die Mehrzahl dieser Verben ist zweiwertig.

Übersicht über das Wortfeld

1. allgemein:
   leiten, führen$_1$;
   die Leitung haben, Leiter sein, an der Spitze stehen, verantwortlich sein
2. ‚Macht ausübend‘:
   gebieten$_1$, herrschen, regieren;
   die Macht besitzen, die Herrschaft innehaben/ausüben, die Geschicke des Landes bestimmen;
   die Zügel/Fäden in der Hand haben, den Ton angeben;
   am Ruder sein, die erste Geige spielen
3. ‚helfend‘, ‚belehrend/erzieherisch‘:
   anleiten, anweisen$_1$, lenken, zeigen
4. ‚verbindlich‘:
   anweisen$_2$, beauftragen, gebieten$_2$;
   eine Anweisung erteilen
5. ‚militärisch‘:
   befehligen, führen$_2$, kommandieren;
   die Führung innehaben, das Kommando/die Befehlsgewalt haben
6. ‚selbständige Entscheidung verhindernd‘:
   bevormunden, gängeln
7. ‚musikalisch‘:
   dirigieren;
   unter der Stabführung von ...
8. ‚beauftragt‘, ‚amtlich‘:
   verwalten, vorstehen
9. ‚ordnend‘:
   regeln, regulieren

Beschreibung der Wörter

anleiten (leitete an, hat angeleitet)

Die Mutter (a) leitet die Tochter (b) beim Kochen (c) an.

1. ‚Handlung', ‚bewußt', ‚zielgerichtet', ‚bestimmend', ‚helfend', ‚belehrend', ‚erläuternd und demonstrierend', ‚zur selbständigen Handlung hinführend'
2. a – Täter/Mensch/Sn
   b – Patiens/Mensch (Kollektiv)/Sa
   (c) – Ziel/Handlung, Verhalten/pS (bei, in, zu), NS (wie)
3. Der Lehrmeister/der Facharbeiter/die Köchin/die Sachbearbeiterin leitet den Lehrling an. – Er leitet den Schüler/den Neuen/die Aushilfskraft/das Mädchen an. – Er leitet ihn an in der Buchführung/zur Gewissenhaftigkeit/, wie die Maschine zu bedienen ist.

*anweisen*₁ (wies an, hat angewiesen)

Der Lehrausbilder (a) hat den Lehrling (b) bei der Arbeit (c) angewiesen.

1. ‚Handlung', ‚bewußt', ‚zielgerichtet', ‚bestimmend', ‚helfend', ‚belehrend', ‚erläuternd und demonstrierend' /gehoben/
2. a – Täter/Mensch (befugt)/Sn
   b – Patiens/Mensch (Kollektiv)/Sa
   (c) – Ziel/Handlung/pS (bei, in), NS (wie)
3. Der Meister/der Laborleiter/die Lehrerin wies ihn an. – Er wies den Schulabgänger/den Hilfsarbeiter an. – Er wies ihn an im Arbeitsprozeß/, wie er zu arbeiten hat.

*anweisen*₂ (wies an, hat angewiesen)

Die Regierung (a) hat den Botschafter (b) angewiesen, das Memorandum zu überreichen (c).

1. ‚Handlung', ‚bewußt', ‚zielgerichtet', ‚bestimmend', ‚verbindlich', ‚ohne Einspruchsrecht'
2. a – Täter/Mensch (Institution)/Sn
   (b) – Patiens/Mensch (Kollektiv)/Sa
   c – Ziel/Handlung/Inf
3. Der Minister/der Direktor/die Firma/das Ministerium hat angewiesen, die Angelegenheit sofort zu erledigen. – Er hat den Beauftragten/seinen Vertreter/den Leiter angewiesen, ihn umfassend zu informieren. – Er hat ihn angewiesen, die Ausweise zu kontrollieren/umgehend vorstellig zu werden.

Ebenso: jmdm. eine Anweisung erteilen

beauftragen (beauftragte, hat beauftragt)

Der Verlag (a) beauftragte den jungen Wissenschaftler (b) mit der Herausgabe (c) des Briefwechsels des verstorbenen Dichters.

1. ‚Handlung', ‚bewußt', ‚zielgerichtet', ‚bestimmend', ‚verbindlich', ‚Tätigkeit auslösend'
2. a – Täter/Mensch (Kollektiv, Institution)/Sn
   b – Patiens/Mensch (Kollektiv, Institution)/Sa
   c – Ziel/Handlung/pS (mit), Inf
3. Der Minister/die Brigade/die Akademie beauftragte ihn, umfassend Bericht zu erstatten. – Er beauftragte den Wissenschaftler/das Mitglied/das Forscherkollektiv mit der Untersuchung des Problems. – Er beauftragte ihn, die Bilder zurückzubringen.

befehligen (befehligte, hat befehligt)

Der Kommandant (a) befehligt den Flottenverband (b) beim diesjährigen Herbstmanöver.

1. ‚Handlung', ‚bewußt', ‚zielgerichtet', ‚bestimmend', ‚militärisch', ‚Befehlsgewalt besitzend'
2. a – Täter/Mensch/Sn
   b – Patiens/Kollektiv/Sa
3. Der General/der Kompaniechef/der Kommandeur befehligt die Soldaten. – Der Kompaniechef befehligt die Kompanie, der Staffelkommandeur befehligt die Flugzeugstaffel.

Ebenso: die Befehlsgewalt haben über

bevormunden (bevormundete, hat bevormundet)

Die Großmacht (a) bevormundete den jungen Staat (b), der seine Unabhängigkeit errungen hat.

1. ‚Handlung', ‚bewußt', ‚zielgerichtet', ‚bestimmend', ‚selbständige Entscheidung verhindernd'
2. a – Täter/Mensch (Institution)/Sn
   b – Patiens/Mensch (Institution)/Sa
   Anm.: Wenn a = Mensch, dann auch b = Mensch;
         wenn a = Institution, dann auch b = Institution.
3. Der Abteilungsleiter bevormundete alle Mitarbeiter seines Bereiches. – Er bevormundet seine Frau/ein Volk/das Land.
   Anm.: Meist kommt das Verb in Strukturen vor wie: Ich lasse mich von dir nicht bevormunden. – Das Volk lehnte sich dagegen auf, geistig bevormundet zu werden.

dirigieren (dirigierte, hat dirigiert)

Hermann Abendroth (a) dirigierte über viele Jahre das Leipziger Rundfunksinfonieorchester (b).

1. ‚Handlung', ‚bewußt', ‚zielgerichtet', ‚bestimmend', ‚musikalisch'

2. a – Täter/Mensch/Sn
   b – Patiens/Kollektiv (Musik), Kunstwerk (Musik)/Sa
3. X/der Komponist/der Kapellmeister dirigiert das Orchester. – Er dirigiert den Chor/die Kapelle/das Orchester/die Sinfonie/das Konzert.

Anmerkung:
Veraltet ist „dirigieren" noch anzutreffen in der Bedeutung ‚eine Abteilung/eine Institution leiten': die Station einer Klinik dirigieren.

Hierher auch: unter der Stabführung von/des ... spielen:
Das Leipziger Rundfunksinfonieorchester spielte über viele Jahre unter der Stabführung von Hermann Abendroth.

*führen*₁ (führte, hat geführt)

Der Außenminister (a) führt die Delegation (b), die an den Beratungen der UNO teilnimmt.

1. ‚Handlung', ‚bewußt', ‚zielgerichtet', ‚bestimmend', ‚verantwortlich'
2. a – Täter/Mensch/Sn
   b – Patiens/Kollektiv, Institution/Sa
3. Der Forscher/der junge Wissenschaftler/der Absolvent/der erfahrene Funktionär führt das Unternehmen. – Er führt den Betrieb/die Expedition/die Abordnung/das Geschäft.

*führen*₂ (führte, hat geführt)

Der Oberst (a) führt die 3. Armee (b).

1. ‚Handlung', ‚bewußt', ‚zielgerichtet', ‚bestimmend', ‚militärisch'
2. a – Täter/Mensch (Militär)/Sn
   b – Patiens/Kollektiv (Militär)/Sa
3. Der Hauptmann/Major NN führt den Truppenteil. – Er führt den Zug/die Kompanie/das Regiment.

Ebenso: die Führung innehaben über, das Kommando haben über

gängeln (gängelte, hat gegängelt)

Oft gängelt eine herrschsüchtige Frau (a) ihren Mann (b).

1. ‚Handlung', ‚bewußt', ‚zielgerichtet', ‚bestimmend', ‚selbständige Entscheidung verhindernd', ‚unangenehm erzieherisch' /pejorativ/
2. a – Täter/Mensch/Sn
   b – Patiens/Mensch (Kollektiv)/Sa
3. Der schlechte Leiter/die herrschsüchtige Frau gängelt die Arbeitskollegen. – Sie gängelt ihre Mitarbeiter/ihren Mann/ihre Kinder.

*gebieten*₁ (gebot, hat geboten)

Nach dem Siebenjährigen Krieg gebot Friedrich II. (a) über ein weitaus größeres Gebiet (b) als vorher.

1. ‚Handlung', ‚bewußt', ‚zielgerichtet', ‚bestimmend', ‚Macht ausübend', ‚autoritär' /gehoben/
2. a – Täter/Mensch/Sn
   b – Patiens/Kollektiv, Machtbereich/pS (über)
3. Der König/der Herrscher/der Regent/der Zar gebot über ein schlagkräftiges Heer. – Er gebot über ein Volk/eine Armee/ein Königreich/ein Land.

Ebenso: die Macht besitzen

*gebieten*₂ (gebot, hat geboten)

Der empörte Direktor (a) gebot dem aufdringlichen Besucher (b), sofort den Raum zu verlassen (c).

1. ‚Handlung', ‚bewußt', ‚zielgerichtet', ‚bestimmend', ‚verbindlich', ‚autoritär' /gehoben/
2. a – Täter/Mensch/Sn
   b – Patiens/Mensch (Kollektiv)/Sd
   c – Ziel/Handlung/Inf
3. Der Befehlshaber/der Leiter/der Vater/der Dirigent gebot ihm, sich umgehend zu entschuldigen. – Er gebot dem Mitarbeiter/dem Soldaten/seiner Truppe, den Auftrag schnellstens zu erfüllen. – Er gebot ihm, sich zu setzen/Stellung zu nehmen/den Vorfall zu erklären.

herrschen (herrschte, hat geherrscht)

Karl der Große (a) herrschte als Kaiser über weite Gebiete (b) West-, Süd- und Mitteleuropas.

1. ‚Handlung', ‚bewußt', ‚zielgerichtet', ‚bestimmend', ‚Macht ausübend'
2. a – Täter/Mensch/Sn
   b – Patiens/Kollektiv, Machtbereich/pS (über)
3. Der Markgraf/der Regent/die Königin herrscht über ein strategisch wichtiges Territorium. – Er herrscht über ein arbeitsames Volk/einen Vielvölkerstaat/ein ökonomisch reiches Land.

Ebenso: die Herrschaft innehaben/ausüben, die Geschicke des Landes bestimmen;
übertr.: die Zügel/Fäden in der Hand haben, den Ton angeben;
umg.: am Ruder sein, die erste Geige spielen

kommandieren (kommandierte, hat kommandiert)

Der junge Oberleutnant (a) kommandierte die Kompanie (b) während der Übung.

1. ‚Handlung', ‚bewußt', ‚zielgerichtet', ‚bestimmend', ‚militärisch', ‚Befehlsgewalt besitzend'

2. a – Täter/Mensch/Sn
   b – Patiens/Kollektiv/Sa
3. Der Oberleutnant/der Generalmajor/der Zugführer kommandiert die Truppe. – Er kommandiert den Zug/die Armee/das Bataillon.

leiten (leitete, hat geleitet)

Der Generaldirektor (a) leitet seit zehn Jahren das Kombinat (b).
1. ‚Handlung', ‚bewußt', ‚zielgerichtet', ‚bestimmend'
2. a – Täter/Mensch (Institution)/Sn
   b – Patiens/Kollektiv, Institution, Geschehen/Sa
3. Der Wissenschaftler/der Direktor/der Regisseur/Herr NN/das Ministerium/der Bezirk leitet das Unternehmen. – Er leitet die Untersuchungskommission/den Betrieb/das Institut/die Diskussion/die Probe.

Ebenso: die Leitung haben, Leiter sein, an der Spitze stehen, verantwortlich sein für

lenken (lenkte, hat gelenkt)

Der gutmütige Vater (a) konnte seinen verwöhnten Sohn (b) nicht mehr lenken.
1. ‚Handlung', ‚bewußt', ‚zielgerichtet', ‚bestimmend', ‚helfend', ‚erzieherisch', ‚Verhalten regulierend', ‚maßgeblich beeinflussend'
2. a – Täter/Mensch/Sn
   b – Patiens/Mensch (Kollektiv, Institution), Geschehen/Sa
3. Der Lehrer/der Vorgesetzte/der Leiter/die Mutter lenkt den gefährdeten Jugendlichen. – Er lenkt den labilen Jugendlichen/die unentschlossene Gruppe/die Schlacht/die Diskussion.

regeln (regelte, hat geregelt)

Die Schiedskommission (a) regelt die Unstimmigkeiten (b) zwischen den beiden Familien.
1. ‚Handlung', ‚bewußt', ‚zielgerichtet', ‚bestimmend', ‚ordnend', ‚ausgleichend'
2. a – Täter/Mensch (Institution)/Sn
   b – Patiens/Geschehen/Sa
3. Der Polizist/der Direktor/der Vorsitzende/der Klub/die Schule regelte den Zwischenfall. – Er regelt den Verkehr/die Unterbringung/die Bezahlung/die Angelegenheiten/sein Leben.

regieren (regierte, hat regiert)

Die Werktätigen (a) regieren seit 35 Jahren in diesem Land (b).
1. ‚Handlung', ‚bewußt', ‚zielgerichtet', ‚bestimmend', ‚Macht ausübend', ‚die Amtsgeschäfte führend'

2. a – Täter/Mensch (Kollektiv)/Sn
   b – Patiens/Institution (Staat)/Sa, pS (in, über)
3. Der König/der Regent/der Ministerpräsident/das Volk regiert in diesem Land. – Er regiert einen Staat/in diesem Land/über ein arbeitsames Volk.

regulieren (regulierte, hat reguliert)

Der Monteur (a) reguliert den Druck (b) in dem Aggregat.

1. ‚Handlung', ‚bewußt', ‚zielgerichtet', ‚bestimmend', ‚ordnend', ‚den richtigen Zustand herstellend'
2. a – Täter/Mensch/Sn
   b – Patiens/Geschehen, Zustand, Apparatur/Sa
3. Der Arbeiter/der Spezialist/der Ingenieur/der Fachmann reguliert die Temperatur des Aggregats. – Er reguliert den Verlauf/die Geschwindigkeit/den Gang des Uhrwerkes/die Heizungsanlage.

verwalten (verwaltete, hat verwaltet)

Der Hauptbuchhalter (a) verwaltet gewissenhaft die Gelder (b) der Sportgemeinschaft.

1. ‚Handlung', ‚bewußt', ‚zielgerichtet', ‚bestimmend', beauftragt', ‚amtlich', ‚Angelegenheiten regelnd'
2. a – Täter/Mensch (Kollektiv, Institution)/Sn
   b – Patiens/Wertgegenstand/Sa
3. Der Archivar/der Hausverwalter/der Angestellte/das Konsortium/die Kommunale Wohnungsverwaltung (KWV) verwaltet den Nachlaß. – Er verwaltet den Besitz/die Kasse/das Wohnhaus/das Gut/die Grundstücke.

vorstehen (stand vor, hat vorgestanden)

Ein erfahrener Pädagoge (a) hat dieser Schule (b) über viele Jahre vorgestanden.

1. ‚Handlung', ‚bewußt', ‚zielgerichtet', ‚bestimmend', ‚beauftragt', ‚amtlich' /veraltend/
2. a – Täter/Mensch/Sn
   b – Patiens/Institution/Sd
3. Der Verkaufsstellenleiter/der Bibliothekar steht der Institution vor. – Er steht der Gemeindevertretung/der Schule/der Verkaufsstelle/der Bibliothek/dem Konsortium vor.

zeigen (zeigte, hat gezeigt)

Der Lehrmeister (a) zeigt dem Lehrling (b), wie die Maschine zu bedienen ist (c).

1. ‚Handlung', ‚bewußt', ‚zielgerichtet', ‚bestimmend', ‚helfend', ‚belehrend', ‚erläuternd und demonstrierend', ‚Arbeitsvorgang sichtbar machend'

2. a – Täter / Mensch / Sn
   b – Patiens / Mensch (Kollektiv) / Sd
   c – Ziel / Handlung, Vorgang, Verhalten / Sa, NS (wie)
3. Der Fachmann / der Artist zeigt ihm, wie er sich zu verhalten hat. – Er zeigt dem Schüler / dem Kollegen / seinem Sohn / den Interessenten, wie das Gerät funktioniert. – Er zeigt ihm den Trick / den Rechenweg / das Verhalten bei Feuer /, wie das Problem zu lösen ist / wie man den Apparat bedient.

Übungen

1. *gebieten – herrschen – regieren – verwalten – leiten*
   Welches Verb wählen Sie?

   1) Der Archivar ... den Nachlaß des Schriftstellers.
   2) Der russische Zar ... über einen Vielvölkerstaat.
   3) In einem sozialistischen Land ... das Volk.
   4) Der König ... über ein schlagkräftiges Heer.
   5) Der Klubleiter ... auch die Gelder der Sportgemeinschaft.
   6) Der Markgraf von Meißen ... über ein strategisch wichtiges Gebiet.
   7) Ein junger Mann hat die Verkaufsstelle ...
   8) Nach dem Tod seines Vaters mußte er bereits als junger Mann ein großes Reich ...
   9) Karl der Große ... als Kaiser über weite Gebiete West-, Süd- und Mitteleuropas.

2. *befehligen – kommandieren – dirigieren – regeln – regulieren*
   Welches Verb wählen Sie?

   1) Der Uhrmacher ... den Gang des Uhrwerkes.
   2) Der Zugführer ... einen Truppenteil während der Übung.
   3) Der Komponist ... seine neue Sinfonie selbst.
   4) Der Monteur ... den Druck in der Heizungsanlage.
   5) Die Schule ... die Bezahlung der Unterkunft für die Klasse.
   6) Die Kommission ... die Angelegenheiten.
   7) Der junge Oberst ... die Flugzeugstaffel.
   8) Hermann Abendroth ... über viele Jahre das Leipziger Rundfunksinfonieorchester.
   9) Der Generalmajor ... das Bataillon.
   10) Der Generalmusikdirektor ... Beethovens 9. Sinfonie.

3. *anleiten – anweisen – gebieten – zeigen*
   Welches Verb wählen Sie?

   1) Der Artist ... den Kindern den Trick.
   2) Der Monteur ... dem Kunden, wie das Aggregat arbeitet.
   3) Der Lehrausbilder hat den Lehrling bei der Arbeit ...

4) Der Richter ... dem Angeklagten, weitere beleidigende Äußerungen zu unterlassen.
5) Die Regierung hat den Botschafter ..., das Memorandum zu überreichen.
6) Der Vater ... seinem Sohn den Rechenweg.
7) Die Mutter hat ihre Tochter zur Gewissenhaftigkeit ...

4. beauftragen – bevormunden – gebieten – dirigieren – lenken
Welches Verb wählen Sie?

1) Der Verkehrspolizist ... dem angetrunkenen Kraftfahrer, sein Fahrzeug sofort zu verlassen.
2) Der Außenminister ... den Botschafter mit der Klärung des Problems.
3) Der Sektionsleiter ... den Assistenten, einen Diskussionsbeitrag für die Konferenz vorzubereiten.
4) Der junge Mann wollte sich von seiner Mutter nicht länger ... lassen.
5) Das heutige Sinfoniekonzert wird von einem Gast aus Japan ...
6) Der Vorsitzende der Schiedskommission ... dem Werktätigen, zu den gegen ihn erhobenen Vorwürfen Stellung zu nehmen.
7) Ein labiler Jugendlicher kann leicht auf die schiefe Bahn ... werden.
8) Der herrschsüchtige Leiter versucht, alle Mitarbeiter zu ...
9) Die junge Assistentin wurde mit der Leitung der Diskussion ...
10) Kurt Masur ... Schuberts „Unvollendete".

5. Ersetzen Sie das Verb *leiten* durch ein treffenderes Verb des Wortfeldes!

1) Der Kommandant leitet den Flottenverband bei der Übung.
2) Oft leitet eine herrschsüchtige Frau ihren Mann.
3) Hermann Abendroth leitete die 9. Sinfonie von Beethoven.
4) Der gutmütige Vater konnte seinen verwöhnten Sohn nicht mehr leiten.
5) Die Schiedskommission leitet die Zwistigkeiten zwischen den beiden verstrittenen Familien.
6) Der Hauptbuchhalter leitet gewissenhaft die Gelder der Sportgemeinschaft.
7) Der Lehrausbilder hat den Lehrling bei der Arbeit geleitet.

6. Welche der folgenden Verben bezeichnen
a) ein ratendes Leiten
b) ein befehlendes Leiten
c) ein ordnendes Leiten?
Ordnen Sie die Verben!

anleiten – anweisen – befehligen – dirigieren – gebieten – herrschen – kommandieren – lenken – regeln – regulieren – verwalten – zeigen

7. Welche der folgenden Verben bezeichnen
a) eine positive Hilfeleistung
b) eine negative Hilfeleistung
c) eine autoritäre Haltung?
Ordnen Sie die Verben!

anleiten – beauftragen – bevormunden – gängeln – gebieten – zeigen

8. Was kann man
   dirigieren – verwalten – regeln – regulieren?
9. Was kann man
   anweisen – befehligen – zeigen?
10. Beurteilen Sie die semantische Verträglichkeit von Verb und Aktanten in den folgenden Sätzen!
    Korrigieren Sie die semantische Unverträglichkeit!
    1) Der Verlag dirigiert Beethovens 9. Sinfonie.
    2) Das Kombinat kommandiert die Kompanie.
    3) Die Kollegin der Wohnungsverwaltung gängelt die Mieter.
    4) Das Ministerium hat den Lehrling bei der Arbeit angewiesen.
    5) Die Akademie beauftragte den Wissenschaftler mit der Untersuchung des linguistischen Problems.
    6) Das Institut zeigt dem Studenten, wie er wissenschaftlich arbeiten soll.
    7) Die Volkskammer regiert in diesem Land.
    8) Die Schule regelt den Zwischenfall.

11. Beurteilen Sie die semantische Verträglichkeit von Verb und Aktanten in den folgenden Sätzen!
    Korrigieren Sie die semantische Unverträglichkeit!
    1) Der Forschungsreisende reguliert die Expedition.
    2) Die erfahrene Köchin hat die Aushilfskraft regiert.
    3) Der Komponist befehligt das Orchester.
    4) Der Oberst regelt das Bataillon.
    5) Der Archivar lenkt den umfangreichen Nachlaß des Künstlers.
    6) Der Abteilungsleiter dirigiert seine jungen Mitarbeiter den ganzen Tag.
    7) Der Facharbeiter hat den Lehrling bei der Arbeit geführt.

12. Beurteilen Sie, ob das Verb in den folgenden Sätzen durch das in Klammern stehende Verb ersetzt werden kann!
    Begründen Sie Ihre Entscheidung!
    1) Der Kompaniechef befehligt die Truppen.   (bevormunden)
    2) Der Generalmusikdirektor dirigiert das Orchester.   (kommandieren)
    3) Der Ministerpräsident leitet die Delegation zu den Trauerfeierlichkeiten.   (befehligen)
    4) Der Monteur reguliert den Druck im Aggregat.   (verwaltet)
    5) Der Sohn des Dichters verwaltet den Nachlaß seines Vaters.   (leiten)
    6) Der Polizist regelt den Verkehr.   (führt)
    7) Der Lehrer lenkt den labilen Jugendlichen.   (gängeln)
    8) Der Zar herrscht über einen Vielvölkerstaat.   (gebieten)

Verben des Zusammenkommens

Unter *Zusammenkommen* wird verstanden, daß sich zwei oder mehr Menschen zufällig oder beabsichtigt an einem Ort treffen. Die Mehrzahl dieser Verben ist zweiwertig.

Übersicht über das Wortfeld

1. allgemein:
   zusammenkommen
2. ‚durch Zufall‘, ‚ohne Absicht‘:
   begegnen;
   in die Arme laufen, über/in den Weg laufen
3. ‚durch Zufall oder mit Absicht‘:
   treffen
4. ‚mit Absicht‘, ‚einzeln oder in kleiner Gruppe‘:
   sich einfinden, sich einstellen, sich treffen, zusammentreffen
5. ‚mit Absicht‘, ‚in größerer Gruppe‘:
   sich sammeln, sich versammeln, sich zusammenfinden, zusammenlaufen, zusammenströmen, sich scharen, sich zusammenscharen, sich zusammenrotten
6. ‚mit Absicht‘, ‚zum Zweck der Beratung‘:
   zusammentreten

Beschreibung der Wörter

begegnen (begegnete, ist begegnet)

Hans (a) begegnete seinem ehemaligen Lehrer (b) in Dresden auf dem Hauptbahnhof.

1. ‚Treffen von Menschen‘, ‚an einem Ort‘, ‚durch Zufall‘, ‚ohne Absicht‘
2. a – Verhältnisträger 1 / Mensch (Kollektiv) / Sn
   b – Verhältnisträger 2 / Mensch (Kollektiv) / Sd

Anmerkung:
Wenn a = Plural, dann ist b = sich (reziprok) möglich:
Die beiden Freunde begegneten sich nach Jahren in Prag.
3. Der Autor begegnete seinem Lektor am Schwarzen Meer. – Er begegnete seinem Klassenkameraden / der Frau seines Freundes / seinem Chef am Strand.

Ebenso: umg. – in die Arme laufen, über/in den Weg laufen;
        salopp – in die Arme/in den Weg rennen

sich einfinden   (fand sich ein, hat sich eingefunden)

Die Schüler (a) fanden sich eine Viertelstunde vor Abfahrt des Zuges am Bahnhof (b) ein.

1. ‚Treffen von Menschen', ‚an einem bestimmten Ort', ‚mit Absicht', ‚einzeln', ‚zum Zweck gemeinsamer Unternehmung', ‚nach vorheriger Absprache'
2. a   – Verhältnisträger / Mensch (Kollektiv) / Sn
   (b) – näherer Umstand / Ort / pS (an, auf, bei, in ...), Adv
3. Die Jugendlichen / Delegierten / Wissenschaftler fanden sich im Konferenzsaal ein. Alle Verwandten fanden sich bei Müllers zur Jugendweihe ein.

sich einstellen   (stellte sich ein, hat sich eingestellt)

Die letzten Kursteilnehmer (a) stellten sich erst am späten Abend (b) ein.

1. ‚Treffen von Menschen', ‚an einem bestimmten Ort', ‚mit Absicht', ‚einzeln', ‚Erreichen eines Zieles'
2. a   – Verhältnisträger / Mensch / Sn
   (b) – näherer Umstand / Zeit / pS (an, zu ...), Adv
3. Der Referent / Prüfungsvorsitzende / Versammlungsleiter stellte sich erst in letzter Minute ein. Jeden Abend / zur angegebenen Zeit / abends / pünktlich stellte er sich ein.

sich sammeln   (sammelte sich, hat sich gesammelt)

Die Jugendlichen (a) sammelten sich am Abend um das Lagerfeuer (b).

1. ‚Treffen von Menschen', ‚an einem bestimmten Ort', ‚mit Absicht', ‚zu gemeinsamer Unternehmung'
2. a   – Verhältnisträger / Mensch (Kollektiv) / Sn (Plural)
   (b) – näherer Umstand / Ort / pS (an, auf, bei, in ...)
3. Die Demonstrationsteilnehmer sammelten sich auf dem Marktplatz. Die Truppen sammelten sich am Standort. Die Klassen der Unterstufe sammeln sich vor der Turnhalle.
   Auch möglich: Die Stare sammeln sich auf den Bäumen im Park vor ihrem Flug nach Afrika. Das Wild sammelt sich am Futterplatz.

sich scharen   (scharte sich, hat sich geschart)

Die Autogrammjäger (a) scharten sich um den Schlagersänger (b).

1. ‚Treffen von Menschen', ‚mit Absicht', ‚in größerer Zahl', ‚mit starkem Verlangen', ‚um ein Zentrum'
2. a – Verhältnisträger / Mensch / Sn (Plural)
   b – Lokativ / Mensch, großer Gegenstand / pS (um)
3. Die Kinder scharten sich um den Märchenerzähler. Die Zuschauer scharten sich um die Schauspielerin. Die Schüler scharten sich um den Lehrer. – Sie scharten sich um die Bühne / den Tisch / die ausgestellten Bücher.

übertr. (= ‚sich jemandem anschließen') – Viele Patrioten scharten sich um den mutigen Freiheitskämpfer.
Auch möglich: Die Herde scharte sich um den Hirten.

treffen (traf, hat getroffen)

Klaus (a) traf seinen Freund (b) im Foyer des Opernhauses.

1. ‚Zusammenkommen von Menschen', ‚an einem Ort', ‚durch Zufall oder mit Absicht'
   Anm.: Der Kontext weist aus, ob ein zufälliges oder ein beabsichtigtes Zusammenkommen vorliegt:
   Hans traf seinen Bruder im Pergamonmuseum.
   (Vergangenheitsform = ‚zufällig', ‚ohne Absicht')
   Hans trifft seinen Bruder morgen.
   (Futurisches Geschehen = ‚mit Absicht', ‚geplant')
2. a – Verhältnisträger 1 / Mensch / Sn
   b – Verhältnisträger 2 / Mensch (Kollektiv) / Sa
3. Paul / Herr Müller / der Professor traf seinen Kollegen im Konzert. – Er traf den Elektriker / die Lehrerin / das Ehepaar Meier im Park.

sich treffen (traf sich, hat sich getroffen)

Der junge Mann (a) traf sich mit seiner Freundin (b) vor dem Kino.

1. ‚Begegnen von Menschen', ‚an einem bestimmten Ort', ‚mit Absicht', ‚einzeln oder in kleiner Gruppe', ‚nach vorheriger Absprache', ‚zu einem bestimmten Zeitpunkt', ‚zum Zweck gemeinsamer Unternehmung'
2. a – Verhältnisträger 1 / Mensch (Kollektiv) / Sn
   b – Verhältnisträger 2 / Mensch (Kollektiv) / pS (mit)
   Anm.: Bei reziprokem Gebrauch wird b sprachlich nicht realisiert: Die Lehrer trafen sich im Lehrerzimmer. Die Brigade traf sich am Bahnhof.
3. Der Mann traf sich mit seiner Frau am Kaufhaus. – Sie traf sich mit ihrer Freundin / der Lehrerin / ihrem Bekannten im Café.

sich versammeln (versammelte sich, hat sich versammelt)

Die Jugendlichen (a) versammeln sich oft abends vor der Diskothek (b).

1. ‚Treffen von Menschen', ‚an einem bestimmten Ort', ‚mit Absicht', ‚in (sehr) großer Gruppe', ‚zu einer bestimmten Zeit', ‚zu gemeinsamer Unternehmung', ‚mit weitgehend gleichen Interessen'
2. a – Verhältnisträger / Mensch (Kollektiv, Institution) / Sn
   (b) – näherer Umstand / Ort / pS (an, auf, in ...)
   Anm.: Bei Sn = Mensch muß Plural stehen; bei Kollektiv, Institution ist Singular und Plural möglich.
3. Die Streikenden versammelten sich vor der Fabrik. Viele Fans hatten sich auf dem Bahnhofsvorplatz versammelt, um ihre Fußballmannschaft zu begrüßen.

Die Hochschule versammelt sich am Haupteingang. Die Klassen der Mittelstufe versammeln sich in der Aula.

sich zusammenfinden (fand sich zusammen, hat sich zusammengefunden)

Die Konferenzteilnehmer (a) fanden sich nach dem Plenarvortrag in Arbeitsgruppen (b) zusammen.
1. ‚Treffen von Menschen', ‚an einem bestimmten Ort', ‚mit Absicht', ‚zu einem bestimmten Zeitpunkt', ‚in größerer Gruppe', ‚erwartungsvoll'
2. a – Verhältnisträger / Mensch / Sn (Plural)
   (b) – näherer Umstand / Ort / pS (an, bei, in ...)
3. Die jungen Naturforscher fanden sich am Affenhaus zusammen. Die Hospitanten fanden sich nach der Unterrichtsstunde im Lehrerzimmer zusammen. Zu ihrem 80. Geburtstag fanden sich alle Kinder und Enkelkinder bei der Jubilarin zusammen.

zusammenkommen (kam zusammen, ist zusammengekommen)

Der Professor (a) ist mit den Studenten (b) zu einer Aussprache zusammengekommen.
1. ‚Treffen von Menschen', ‚an einem bestimmten Ort', ‚zu einem bestimmten Zeitpunkt', ‚meist geplant und mit bestimmter Absicht'
2. a – Verhältnisträger 1 / Mensch (Kollektiv) / Sn
   b – Verhältnisträger 2 / Mensch (Kollektiv) / pS (mit)
   Anm.: Wenn a = Plural, dann wird b oft nicht realisiert:
       Die Professoren waren (mit den Studenten) zu einer Aussprache zusammengekommen.
3. Der Minister war mit den Rektoren zur Beratung zusammgekommen. Die Philatelisten sind zu ihrem Tauschtag zusammengekommen. – Der Brigadier ist mit seinen Kollegen / mit der Betriebsleitung / mit dem Abteilungsleiter zur Plandiskussion zusammengekommen.

zusammenlaufen (lief zusammen, ist zusammengelaufen)

In Massen liefen die Neugierigen (a) an der nahegelegenen Unfallstelle (b) zusammen.
1. ‚Treffen von Menschen', ‚an einem bestimmten Ort', ‚mit Absicht', ‚ohne Absprache', ‚in sehr großer Gruppe', ‚schnell', ‚sensationslüstern'
2. a – Verhältnisträger / Mensch / Sn (Plural)
   (b) – näherer Umstand / Ort / pS (an, auf, bei, in ...)
3. Vor dem Zelt des Magiers waren alt und jung zusammengelaufen. Viele Schaulustige waren an der überfluteten Brücke zusammengelaufen. Viele Neugierige waren an der Brandstelle zusammengelaufen.

sich zusammenrotten (rottete sich zusammen, hat sich zusammengerottet)

In der vergangenen Nacht haben sich zahlreiche Jugendliche (a) in der Stadt zusammengerottet und randaliert.

1. ‚Treffen von Menschen', ‚mit negativer Absicht', ‚in größerer Gruppe', ‚zu gemeinsamer, für die Mitmenschen schädlicher Unternehmung'
2. a – Verhältnisträger / Mensch / Sn (Plural)
3. Die Rowdys unter den Fußballanhängern rotteten sich hinter dem Tor der gegnerischen Mannschaft zusammen.

sich zusammenscharen (scharte sich zusammen, hat sich zusammengeschart)
= sich scharen (mit Betonung der Intensität des Umringens)

zusammenströmen (strömte zusammen, ist zusammengeströmt)

Viele Fußballfans (a) waren im Zentralstadion zusammengeströmt, um ihre Mannschaft zu unterstützen.

1. ‚Treffen von Menschen', ‚an einem bestimmten Ort', ‚mit Absicht', ‚ohne Absprache', ‚in sehr großer Menge', ‚mit starkem Interesse' / (Betonung der Fülle)
2. a – Verhältnisträger / Mensch / Sn (Plural)
3. Zur Gastvorlesung waren Hunderte von Studenten im Hörsaal zusammengeströmt. Fast alle Einwohner der Kleinstadt waren zusammengeströmt, um das eigenartige Schauspiel zu erleben.

zusammentreffen (traf zusammen, ist zusammengetroffen)

Der alte Lehrer (a) ist nach Jahren mit seinen Schülern (b) in der neuen Schule zusammengetroffen.

1. ‚Zusammenkommen von Menschen', ‚an einem bestimmten Ort', ‚mit Absicht', ‚nach Absprache', ‚zu zweit oder in kleinen Gruppen', ‚zum Zweck gemeinsamer Unternehmung' / (Betonung des geplanten Zusammenseins)
2. a – Verhältnisträger 1 / Mensch (Kollektiv) / Sn
   b – Verhältnisträger 2 / Mensch (Kollektiv) / pS (mit)
   Anm.: Beide Aktanten können zusammengefaßt werden: Die Lehrer sind kurzfristig zu einer Beratung im Lehrerzimmer zusammengetroffen.
3. Die junge Ingenieurin ist mit ihrer Freundin im Freizeitzentrum zusammengetroffen. Die Klasse traf mit ihren Lehrern im Jugendklub zusammen. In Genf trafen die Außenminister der UdSSR und der USA zusammen.

zusammentreten (trat zusammen, ist zusammengetreten)

Die Volksbildungsminister (a) der DDR und der ČSSR sind zu direkten Verhandlungen (b) zusammengetreten.

1. ‚Treffen von Menschen', ‚Mitglieder eines (gewählten) Gremiums', ‚mit Ab-

sicht', ,nach Absprache', ,zum Zweck der Beratung'/(Betonung des Beginns des Zusammenseins)
2. a – Verhältnisträger/Mensch (Kollektiv) (bedeutsam)/Sn
   (b) – näherer Umstand/Zweck/pS (zu), Inf
   Anm.: Wenn a = Mensch, dann immer Plural; bei a = Kollektiv ist Singular und Plural möglich.
3. Die Stadtverordneten traten zur Beschlußfassung zusammen. Der Senat tritt zu seiner ersten Beratung nach der Wahl zusammen. Die Volkskammer tritt am Freitag zusammen. Eine Sonderkommission ist sofort zusammengetreten, um die Ursachen des Zugunglücks festzustellen.

Übungen

1. *sich treffen – sich einfinden – sich sammeln – sich scharen – sich zusammenrotten*
   Welches Verb wählen Sie? Verwenden Sie das Präteritum!

   1) Die Mutter ... mit ihrer Tochter am Bahnhof.
   2) Die Soldaten ... am Standort.
   3) Jugendliche Rowdys ... und randalierten in der Stadt.
   4) Der junge Mann ... mit seiner Freundin im Park.
   5) Die Fans ... um den populären Schlagersänger.
   6) Die Arbeiter des Großbetriebs ... zur Maidemonstration vor dem Betriebsgelände.
   7) Die Delegierten ... nach der Mittagspause in den Arbeitsgruppen ...
   8) Die Kinder ... um die Großmutter, wenn sie Märchen erzählte.
   9) Zum Geburtstag der Mutter ... alle Kinder im Elternhaus ...

2. *begegnen – treffen – zusammenlaufen – zusammentreten*
   Welches Verb wählen Sie?

   1) Der Lehrer hat seinen ehemaligen Schüler in der Kunstausstellung ...
   2) Der Staatsrat ist zu seiner ersten Sitzung nach der Wahl ...
   3) Mein Freund ist mir beim Skilaufen im Thüringer Wald ...
   4) Manfred hat seinen Onkel in der Stadt ...
   5) An der Unglücksstelle sind viele Neugierige ...
   6) Klaus ist Peter beim Friseur ...
   7) Der Rat ist zur Beschlußfassung ...

3. *sich versammeln – sich einstellen – sich zusammenfinden – sich zusammenscharen – sich treffen*
   Welches Verb wählen Sie?

   1) Der Junge ... mit seinem Freund zur Radtour.
   2) Um 8 Uhr ... die Belegschaft zu einem Meeting in Halle 4.
   3) Als ihr Vater seinen 65. Geburtstag feierte, haben ... alle Kinder wieder einmal im Elternhaus ...

4) Die Schüler haben ... um den bekannten Sportler ...
5) Der Versammlungsleiter hat ... rechtzeitig ...
6) Die Esperantisten ... zu ihrer Jahrestagung in jeweils einer anderen Hauptstadt.
7) Die Hospitanten haben ... nach der Unterrichtsstunde im Lehrerzimmer ...
8) Viele Ausstellungsbesucher haben ... um den Verkaufsstand mit den Katalogen ...
9) Der Referent ... erst kurz vor Beginn des Vortrags ...

4. *zusammenkommen* – *zusammentreffen* – *zusammenströmen* – *zusammentreten*
Welches Verb wählen Sie?
1) Der Abteilungsleiter ist mit seinen Mitarbeitern zur Beratung ...
2) Die Kommission ist zu ihrer turnusmäßigen Beratung ...
3) Um ihre Mannschaft anzufeuern, sind die Fußballfans im Stadion ...
4) Die Kleingärtner sind zu ihrer Jahrestagung ...
5) Der Außenminister der DDR ist mit seinem ungarischen Kollegen am Rande der UNO-Tagung ...
6) Eine Regierungskommission ist sofort ..., um Sondermaßnahmen zur Beseitigung der Unwetterschäden zu beschließen.
7) Der Kundschafter ist regelmäßig mit dem Verbindungsmann ...

5. Ersetzen Sie das Verb *zusammenkommen* durch ein passendes Verb des Wortfeldes!
1) Die Volkskammer ist zu ihrer ersten Beratung nach der Wahl zusammengekommen.
2) In Scharen sind die Neugierigen an der Unglücksstelle zusammengekommen.
3) Die Schüler kamen eine Viertelstunde vor Abfahrt des Zuges am Bahnhof zusammen.
4) Vor der Abfahrt zum Ernteeinsatz kommen die Studenten am Haupteingang der Hochschule zusammen.
5) Auf der Waldlichtung kamen die Schüler um den Lehrer, der ihnen seltene Pflanzen zeigte, zusammen.
6) Zu einem Meeting mit dem Kosmonauten kamen die Studenten in der Aula zusammen.
7) Der Mann kam mit seiner Frau im Kaufhaus zusammen.

6. Beurteilen Sie die semantische Verträglichkeit von Verb und Aktant in den folgenden Sätzen!
Korrigieren Sie die semantische Unverträglichkeit!
1) Das Parlament trifft sich zur Beratung der neuen Gesetzesvorlagen.
2) Die Lehrer sind zu einer außerordentlichen Beratung im Lehrerzimmer zusammengeströmt.
3) Der Vorsitzende ist mit den Kommissionsmitgliedern zur Beratung zusammengetreten.
4) Die Kursteilnehmer scharen sich nach dem Plenarvortrag in Arbeitsgruppen.

5) Randalierende Fußballfans haben sich im Zentrum der Stadt getroffen und die Passanten belästigt.
6) Zur Silberhochzeit rotteten sich auch die im Ausland lebenden Verwandten bei Müllers zusammen.
7) Die Teilnehmer des Festumzuges stellten sich auf dem Marktplatz ein.
8) Die Autogrammjäger trafen sich um den Schlagersänger.
9) Die Reisegruppe versammelte sich auf dem Flughafen.

7. Setzen Sie die folgenden Sätze
   a) ins Präteritum,
   b) ins Perfekt!

1) Der Junge trifft sich mit seinem Freund im Stadion.
2) Die Jugendlichen versammeln sich vor der Diskothek.
3) In Massen laufen die Neugierigen an der Brandstelle zusammen.
4) Die Studentin trifft ihre Freundin im Konzert.
5) Eine Sonderkommission tritt sofort zusammen, um die Ursachen der Katastrophe zu ermitteln.
6) Die Kinder scharen sich um ihre Kindergärtnerin.
7) Die Konferenzteilnehmer finden sich im großen Hörsaal ein.

Verben der sinnlichen Wahrnehmung

Unter *Wahrnehmung* wird die Widerspiegelung von Gegenständen und Erscheinungen der objektiven Realität mit Hilfe der Sinnesorgane von Menschen und Tieren verstanden. Die meisten Verben dieses Feldes verweisen in ihrer lexikalischen Bedeutung auf dasjenige Sinnesorgan, mit dessen Hilfe die Erscheinungen der Wirklichkeit wahrgenommen werden. Diese Verben haben als Aktanten vor allem die Bezeichnungen des Wahrnehmungsträgers (Mensch, Tier) und des Wahrnehmungsgegenstandes bei sich, sie sind also überwiegend zweiwertig.

Übersicht über das Wortfeld

1.   allgemein:
     wahrnehmen
2.   ‚mit den Augen (Gesichtssinn)‘
2.1. ‚unbeabsichtigt‘
2.1.1. ‚nur für einen Augenblick‘:
     ansichtig werden, bemerken, entdecken, erblicken, gewahren, gewahr werden, sichten
2.1.2. ‚ohne zeitliche Begrenzung‘:
     sehen

2.2. ‚beabsichtigt', ‚ohne zeitliche Begrenzung':
ansehen, anschauen, angucken, beobachten, betrachten, beschauen, blikken, gaffen, glotzen, lugen, schauen, spähen, starren, stieren, zusehen, zuschauen, zugucken
3. ‚mit den Ohren (Gehör)'
3.1. ‚unbeabsichtigt':
hören, vernehmen, verstehen
3.2. ‚beabsichtigt'
3.2.1. ‚ohne zeitliche Begrenzung':
belauschen, horchen, lauschen
3.2.2. ‚zeitlich begrenzt', ‚Beginn der Wahrnehmung':
aufhorchen
3.2.3. ‚zeitlich begrenzt', ‚das Ergebnis betonend':
erlauschen
4. ‚mit der Nase (Geruchssinn)':
riechen, schnuppern, wittern
5. ‚mit dem Geschmackssinn':
schmecken
6. ‚mit der Haut' (Tastsinn):
empfinden, ertasten, fühlen, spüren, verspüren
Anm.: Diese Verben bezeichnen eine Sinneswahrnehmung, bei der zuweilen auch andere Sinnesorgane bzw. der Schmerzsinn beteiligt sind.

Beschreibung der Wörter

ansehen (sah an, hat angesehen)

Die Mitarbeiter (a) sehen den Abteilungsleiter (b) überrascht an.

1. ‚Wahrnehmung', ‚mit den Augen', ‚beabsichtigt', ‚richtungsbetont', ‚ohne zeitliche Begrenzung'
2. a – Wahrnehmungsträger / Mensch (Individuum, Kollektiv) / Sn
   b – Wahrnehmungsgegenstand / Lebewesen, Gegenstand, Geschehen / Sa, NS (wie)
3. Der Lehrer sieht den Schüler nachdenklich an. Die Gewerkschaftsgruppe sieht (sich) das neue Bühnenstück an. – Der Arzt sieht sich den Patienten gründlich an. Der Kunde sieht einen Bildband an.

Anmerkung:
Das Reflexivpronomen kennzeichnet die Wahrnehmungstätigkeit als intensiv und komplex.
Analog werden verwendet: anschauen, angucken /umg./

ansichtig werden (wurde ansichtig, ist ansichtig geworden)

Der Heimkehrende (a) wurde seines Elternhauses (b) ansichtig.

1. ‚Wahrnehmung', ‚mit den Augen', ‚unbeabsichtigt', ‚in einem Augenblick' /geh./
2. a – Wahrnehmungsträger/Mensch/Sn
   b – Wahrnehmungsgegenstand/Lebewesen (selten: Gegenstand)/Sg
3. Die Greisin wurde überraschend des verschollen geglaubten Bruders ansichtig.

aufhorchen (horchte auf, hat aufgehorcht)

Der Dirigent (a) horchte auf.
1. ‚Wahrnehmung', ‚mit dem Gehör', ‚beabsichtigt', ‚Beginn bewußter Wahrnehmung', ‚sehr konzentriert'
2. a – Wahrnehmungsträger/Mensch, Tier/Sn
3. Der Angesprochene horchte verwundert/erstaunt/erschreckt/gespannt/neugierig/überrascht auf. – Ein Klopfen an der Tür läßt die Familie aufhorchen. – Der Keiler horchte auf.

belauschen (belauschte, hat belauscht)

Die Mutter (a) belauscht ihre Tochter (b), die sich im Nachbarzimmer mit ihrem jüngeren Bruder unterhält.
1. ‚Wahrnehmung', ‚(hauptsächlich) mit dem Gehör', ‚beabsichtigt', ‚zeitlich nicht begrenzt', ‚konzentriert'
   Anm.: *belauschen* wird vorwiegend in der Bedeutung ‚sehen und hören' verwendet.
2. a – Wahrnehmungsträger/Mensch (Kollektiv)/Sn
   b – Wahrnehmungsgegenstand/Lebewesen, Geschehen/Sa
3. Hinter dem Gebüsch stehend, belauschte der Spaziergänger die singenden und spielenden Kinder. Das Jagdkollektiv belauscht die Auerhahnbalz.

bemerken (bemerkte, hat bemerkt)

Der Heizungsmonteur (a) bemerkte den Defekt (b) der Anlage am fallenden Druck (c) des Aggregats.
1. ‚Wahrnehmung', ‚mit den Augen', ‚unbeabsichtigt', ‚für einen Augenblick'
2. a – Wahrnehmungsträger/Mensch, Tier/Sn
   b – Wahrnehmungsgegenstand/Lebewesen, Gegenstand, Geschehen, Zustand/Sa, NS (daß, ob, w)
   (c) – Erkenntnisgrund/Gegenstand, Merkmal, Vorgang/pS (an)
3. Thomas bemerkte seinen Freund erst, als dieser ihn ansprach. Angelika hat das Rehkitz im Gebüsch nicht bemerkt. Der Lehrer bemerkt Inges Abwesenheit/Fehlen nicht. Der Unfallzeuge hatte nicht bemerkt, daß der Radfahrer die Änderung der Fahrtrichtung angezeigt hatte. Jürgen hatte sofort bemerkt, wie die Tür langsam geöffnet wurde.

Anmerkung:
bemerken wird häufig in Verbindung mit einem Negationswort oder einer Partikel, die eine Präzisierung des Zeitpunktes, der Zeitdauer u. a. angibt, gebraucht.

beobachten (beobachtete, hat beobachtet)

Der Pilzsammler (a) beobachtet ein Eichhörnchen (b).

1. ‚Wahrnehmung', ‚mit den Augen', ‚beabsichtigt', ‚zeitlich nicht begrenzt', ‚meist heimlich, unbemerkt', ‚konzentriert'
2. a – Wahrnehmungsträger/Mensch (Kollektiv)/Sn
   b – Wahrnehmungsgegenstand/Lebewesen, Geschehen, Zustand/Sa, NS (daß, ob, w)
3. Der Lehrausbilder beobachtet den Lehrling an der Maschine. – Der Ornithologe beobachtet einen schwarzen Storch. Der Hauswart beobachtet, daß ein fremdes Kind durch das Schlüsselloch sieht/ob ein Fremder das Haus betritt/ wer den Fahrstuhl benutzt.

beschauen (beschaute, hat beschaut)
= betrachten

betrachten (betrachtete, hat betrachtet)

Der Galeriebesucher (a) betrachtet die Sixtinische Madonna (b).

1. ‚Wahrnehmung', ‚mit den Augen', ‚beabsichtigt', ‚zeitlich nicht begrenzt', ‚ästhetisch genußvoll'
2. a – Wahrnehmungsträger/Mensch (Kollektiv)/Sn
   b – Wahrnehmungsgegenstand/Lebewesen, Gegenstand/Sa
3. Der Student betrachtet die Wiegendrucke/Inkunabeln. Die Verwandtschaft betrachtet die Familienfotos. – Der Ausflügler betrachtet den seltenen Käfer. Er betrachtet die Aquarelle/die Briefmarken.

blicken (blickte, hat geblickt)

Der Lehrer (a) blickt wohlwollend auf den neuen Schüler (b).

1. ‚Wahrnehmung', ‚mit den Augen', ‚beabsichtigt', ‚ohne zeitliche Begrenzung', ‚richtungsbetont' /geh./
2. a – Wahrnehmungsträger/Mensch (Augen)/Sn
   (b) – Blickrichtung/Lebewesen, Gegenstand/pS (Richtungspräposition)
3. Der Vater blickt streng/finster/wütend/freundlich auf den Sohn. Seine Augen blickten lustig/ratlos. – Die Nachbarin blickt neugierig aus dem Fenster/ durch die Gardinen/nach dem Spaziergänger.

empfinden (empfand, hat empfunden)

Der Kranke (a) empfindet Schmerzen (b).

1. ‚Wahrnehmung', ‚mit mehreren Sinnesorganen', ‚ohne zeitliche Begrenzung'
2. a – Wahrnehmungsträger/Mensch/Sn
   b – Wahrnehmungsgegenstand/Merkmal, Zustand (physisch)/Sa

3. Der Verletzte empfand starke/heftige/keine Schmerzen. – Er empfindet Durst/Hunger/die Kälte/die Hitze/den starken Druck.

entdecken (entdeckte, hat entdeckt)

Der Buchhalter (a) entdeckt einen Fehler (b) in der Rechnung.
1. ‚Wahrnehmung', ‚mit den Augen', ‚unbeabsichtigt', ‚in einem Augenblick', ‚resultativ'
2. a – Wahrnehmungsträger/Mensch (Kollektiv), Wirbeltier/Sn
   b – Wahrnehmungsgegenstand/Lebewesen, Gegenstand, Geschehen/Sa, NS (daß, w)
3. Die Polizei entdeckt das Diebesgut. Die Katze entdeckt eine Maus. – Der Archivar entdeckt die alte Urkunde. Die Mutter entdeckt einen Zug der Resignation im Gesicht der Tochter. Der Reisende entdeckt, daß man ihn bestohlen hat/weshalb ihm sein Ellbogen schmerzt.

erblicken (erblickte, hat erblickt)

Der Seemann (a) erblickt ein rettendes Eiland (b).
1. ‚Wahrnehmung', ‚mit den Augen', ‚unbeabsichtigt', ‚für einen Augenblick', ‚resultativ'
2. a – Wahrnehmungsträger/Mensch/Sn
   b – Wahrnehmungsgegenstand/Lebewesen, Gegenstand/Sa
3. Der Beerensucher erblickte plötzlich ein Wildschwein. – Der Jugendliche erblickt seine Freundin im Straßengewimmel. Der Geologe erblickt ein seltenes Mineral. Der Reiter erblickt ein Hindernis.

erlauschen (erlauschte, hat erlauscht)

Der Detektiv (a) erlauschte nur Wortfetzen (b).
1. ‚Wahrnehmung', ‚mit dem Gehör', ‚beabsichtigt', ‚zeitlich begrenzt', ‚das Ergebnis betonend (resultativ)'
2. a – Wahrnehmungsträger/Mensch/Sn
   b – Wahrnehmungsgegenstand/Lautäußerungen (Abstrakta)/Sa
3. Die Telefonistin erlauscht ein Geheimnis. – Der Kundschafter erlauscht den Angriffsplan des Gegners. Der Komponist erlauscht eine Melodie.

ertasten (ertastete, hat ertastet)

Der Blinde (a) ertastet das Ende des Geländers (b).
1. ‚Wahrnehmung', ‚mit der Hand/dem Fuß' (‚manchmal mit Hilfe eines Stockkes/Stabes'), ‚beabsichtigt', ‚nach tastender Bewegung'

2. a – Wahrnehmungsträger / Mensch / Sn
   b – Wahrnehmungsgegenstand / Gegenstand / Sa
3. Der Junge ertastete im Dunkeln den Lichtschalter. Im finsteren Zimmer ertastet das Mädchen die Taschenlampe.

fühlen (fühlte, hat gefühlt)

Der Verunglückte (a) fühlte eine Beule (b) am Hinterkopf.

1. ‚Wahrnehmung', ‚vorherrschend mit dem Tast- und Schmerzsinn', ‚kurzer Zeitabschnitt'
2. a – Wahrnehmungsträger / Mensch, Wirbeltier / Sn
   b – Wahrnehmungsgegenstand / Haut- oder Schmerzreiz (Abstrakta) / Sa, NS (wie, daß), Inf
3. Das Mädchen fühlt die grobe Struktur des Stoffes. – Er fühlte, daß ihn eine Biene gestochen hatte. Er fühlte, wie der Schmerz allmählich nachließ. Das Kind fühlte sein Herz schlagen.

gaffen (gaffte, hat gegafft)

Die Leute (a) gaffen nach dem Ankömmling (b).

1. ‚Wahrnehmung', ‚mit den Augen', ‚beabsichtigt', ‚ohne zeitliche Begrenzung', ‚neugierig', sensationslüstern /salopp/
2. a – Wahrnehmungsträger / Mensch (Kollektiv) / Sn
   (b) – Wahrnehmungsgegenstand / Mensch, Vorgang (auffällig) / pS (nach)
3. Die Menge gafft aufdringlich. – Der junge Mann gafft nach der fremden Frau.

gewahren (gewahrte, hat gewahrt)

Der nächtliche Wanderer (a) gewahrte einen Lichtschimmer (b).

1. ‚Wahrnehmung', ‚mit den Augen', ‚unbeabsichtigt', ‚in einem Augenblick' /geh./
2. a – Wahrnehmungsträger / Mensch / Sn
   b – Wahrnehmungsgegenstand / Lebewesen, Gegenstand, Geschehen / Sa
3. Das junge Mädchen gewahrte plötzlich eine Maus. – Der Arbeiter gewahrte eine alte Bekannte / ein Flugzeug / das Zögern des Meisters.

gewahr werden (wurde gewahr, ist gewahr geworden)

Der Gastgeber (a) wird seines ehemaligen Mitschülers (b) gewahr.

1. ‚Wahrnehmung', ‚mit den Augen', ‚unbeabsichtigt', ‚in einem Augenblick' /geh./
2. a – Wahrnehmungsträger / Mensch / Sn
   b – Wahrnehmungsgegenstand / Lebewesen, Gegenstand, Geschehen / Sa, Sg, NS (daß, wie)

3. Der Bekannte wurde meiner, mich gewahr. – Er wurde des Freundes/seines Irrtums gewahr. Der Besucher wurde gewahr, daß alle Türen der Wohnung offenstanden/wie ein Mann eine Schublade zu öffnen suchte.

glotzen (glotzte, hat geglotzt)

Der Junge (a) glotzt verständnislos auf das Bild (b).

1. ‚Wahrnehmung', ‚mit den Augen', ‚ohne zeitliche Begrenzung', ‚starr, ausdruckslos' /salopp abwertend/
2. a – Wahrnehmungsträger/Mensch/Sn
   (b) – Wahrnehmungsgegenstand/Mensch, Gegenstand/pS (Richtungspräpositionen – auf, nach, in)
3. Der Neugierige/die Menge glotzt schamlos. – Er glotzt nach den Badenden/auf das Foto/in die Karten/in das Stubenfenster.

gucken (guckte, hat geguckt)

Der Neugierige (a) guckt durch das Schlüsselloch (b).

1. ‚Wahrnehmung', ‚mit den Augen', ‚beabsichtigt', ‚ohne zeitliche Begrenzung' /umg./
2. a – Wahrnehmungsträger/Mensch/Sn
   (b) – Wahrnehmungsgegenstand/Lebewesen, Gegenstand, Naturerscheinung/pS (Richtungspräposition)
3. Die Kinder gucken. – Das Mädchen guckt ängstlich nach der Maus. Er guckt in ein Bilderbuch/nach den Gewitterwolken/zur Standuhr.

horchen (horchte, hat gehorcht)

Der neugierige Sohn (a) horcht an der Zimmertür (b).

1. ‚Wahrnehmung', ‚mit dem Gehör', ‚beabsichtigt', ‚ohne zeitliche Begrenzung', ‚konzentriert'
2. a – Wahrnehmungsträger/Mensch/Sn
   (b) – Wahrnehmungsgegenstand/Gegenstand, Geschehen/pS (an, auf, in, nach), NS (ob, wie)
3. Die Nachbarn horchen an der Wand. – Er horcht auf die Zeitansage/auf das Rollen des Donners/in die Stille des Waldes. Das Kind horcht, ob jemand in der Wohnung ist/wie sich der Zug nähert.

hören (hörte, hat gehört)

Der Passant (a) hört einen schrillen Schrei (b).

1. ‚Wahrnehmung', ‚mit dem Gehör', ‚unbeabsichtigt'
2. a – Wahrnehmungsträger/Mensch, Tier/Sn

b – Wahrnehmungsgegenstand / Mensch, Tier, Geschehen / Sa, NS (daß, wie), Inf
3. Die Bewohner hören Schalmeienklänge. Die Hündin hört ein Geräusch. – Die Schüler hören den Lehrer / eine Grille / einen Vortrag. Man hört, daß / wie sich jemand dem einsamen Gehöft nähert. Die Mutter hört die Kinder aus der Schule kommen.

lauschen (lauschte, hat gelauscht)

Das Publikum (a) lauscht der Schilderung (b) des Expeditionsleiters.

1. ‚Wahrnehmung‘, ‚mit dem Gehör‘, ‚beabsichtigt‘, ‚ohne zeitliche Begrenzung‘, ‚konzentriert‘
2. a – Wahrnehmungsträger / Mensch (Kollektiv) / Sn
   (b) – Wahrnehmungsgegenstand / Mensch, Tier, Geschehen / Sd, pS (auf), NS (ob, wie)
3. Meine Tochter hat gelauscht. – Die Frau lauscht auf die Atemzüge der Schlafenden. Er lauscht, ob sich jemand der Wohnung nähert / wie das Echo allmählich verhallt.

lugen (lugte, hat gelugt)

Die Nachbarin (a) lugt aus dem Fenster (b).

1. ‚Wahrnehmung‘, ‚mit den Augen‘, ‚beabsichtigt‘, ‚ohne zeitliche Begrenzung‘, ‚konzentriert‘, ‚vorsichtig‘ /geh./
2. a – Wahrnehmungsträger / Mensch / Sn
   b – Wahrnehmungsgegenstand, -richtung / Mensch, Tier, Gegenstand / pS (Richtungspräposition)
3. Der Junge lugt um die Ecke. – Er lugte nach jungen Frauen / nach dem Geld / über den Gartenzaun / durch das Gitter / in das Nebenzimmer.

riechen (roch, hat gerochen)

Der Vorübergehende (a) riecht das ausströmende Gas (b).

1. ‚Wahrnehmung‘, ‚mit der Nase (Geruchssinn)‘, ‚unbeabsichtigt‘
2. a – Wahrnehmungsträger / Mensch, Tier / Sn
   b – Wahrnehmungsgegenstand / Lebewesen, Gegenstand, Gas / Sa
3. Der Feinschmecker riecht gedünstete Pilze. Der Hund riecht ein Kaninchen. – Die Frau riecht Kohlsuppe / Maiglöckchen.

schauen (schaute, hat geschaut)

Das Mädchen (a) schaut nachdenklich in die Kerzenflamme (b).

1. ‚Wahrnehmung‘, ‚mit den Augen‘, ‚beabsichtigt‘, ‚ohne zeitliche Begrenzung‘, ‚richtungsbetont‘ /geh./

2. a – Wahrnehmungsträger/Mensch/Sn
   b – Wahrnehmungsgegenstand/Lebewesen, Gegenstand, Geschehen/pS (auf, nach, zu, in), NS (daß, ob, wie)
3. Der Leuchtturmwärter schaut aufs Meer. – Der Suchende schaut hinter den Vorhang/unter das Bett/ins Schubfach/zwischen die Bücher. Die Mutter schaut, ob das Kind schläft/daß das Kind sich sauber wäscht/wie der Installateur die Lichtleitung repariert.

schmecken (schmeckte, hat geschmeckt)

Der Gast (a) schmeckt das ranzige Fett (b).

1. ‚Wahrnehmung', ‚mit dem Geschmackssinn'
2. a – Wahrnehmungsträger/Mensch/Sn
   b – Wahrnehmungsgegenstand/Speise, Gewürz/Sa
3. Der Koch schmeckt die Margarine. – Er schmeckt Knoblauch/nur Pfeffer/Salz. Ich schmecke nichts.

schnuppern (schnupperte, hat geschnuppert)

Die Ausflügler (a) schnupperten den Bratenduft (b).

1. ‚Wahrnehmung', ‚mit der Nase (Geruchssinn)', ‚unbeabsichtigt' /umg./
2. a – Wahrnehmungsträger/Mensch/Sn
   b – Wahrnehmungsgegenstand/Geruchsstoffe/Sa
3. Ich möchte wieder einmal Zirkusluft schnuppern. – Der Greis schnupperte Zigarrenrauch. – Der Dompteur schnuppert Stallgeruch.

sehen (sah, hat gesehen)

Die Mutter (a) sieht die Tochter (b) aus der Schule kommen.

1. ‚Wahrnehmung', ‚mit den Augen', ‚unbeabsichtigt', ‚ohne zeitliche Begrenzung'
2. a – Wahrnehmungsträger/Mensch (Kollektiv), Tier/Sn
   b – Wahrnehmungsgegenstand/Lebewesen, Gegenstand, Geschehen/Sa, NS (daß, wie), Inf (mit Sa)
3. Der Großvater sieht die Enkel. Die Katze sieht den Hund. – Inge sieht den Onkel/das erste Schneeglöckchen/den Kirchturm/die Militärparade. Der Lehrer sieht, daß/wie der ältere Schüler dem jüngeren hilft. Er sieht das Flugzeug am Horizont verschwinden.

Anmerkung:
Ebenso wird verwendet: Jmdn./etw. *zu Gesicht bekommen.*

sichten (sichtete, hat gesichtet)

Der Hubschrauberpilot (a) sichtet die Schiffbrüchigen (b).

1. ‚Wahrnehmung', ‚mit den Augen', ‚unbeabsichtigt', ‚in einem Augenblick', ‚in größerer Entfernung'

2. a – Wahrnehmungsträger/Mensch/Sn
   b – Wahrnehmungsgegenstand/Lebewesen, Gegenstand/Sa
3. Der Seemann sichtet eine Insel. – Er sichtet den flüchtigen Verbrecher/die ersten Störche/ein fremdes Schiff/einen Eisberg.

spähen (spähte, hat gespäht)

Der Jäger (a) spähte nach dem abschußreifen Rehbock (b).

1. ‚Wahrnehmung', ‚mit den Augen', ‚beabsichtigt', ‚ohne zeitliche Begrenzung', ‚suchend', ‚konzentriert'
2. a – Wahrnehmungsträger/Mensch/Sn
   b – Wahrnehmungsgegenstand oder -richtung/Lebewesen, Gegenstand/pS (Richtungspräposition, bes. nach)
3. Der Vater späht im Jahrmarktsgewühl nach den Kindern. – Er späht nach dem Wellensittich/über die Mauer/um die Ecke.

spüren (spürte, hat gespürt)

Das Mädchen (a) spürte unverhofft eine flüchtige Berührung (b).

1. ‚Wahrnehmung', ‚vorherrschend mit dem Tastsinn', ‚zuweilen auch Geruchs- und Geschmackssinn beteiligt'
2. a – Wahrnehmungsträger/Mensch/Sn
   b – Wahrnehmungsgegenstand/Merkmal, Zustand (körperlich)/Sa
3. Der Mann spürte einen Luftzug. – Er spürte einen stechenden Schmerz/einen schalen Geschmack/einen stechenden Geruch/die Müdigkeit/die schneidende Kälte des Wintertages.

starren (starrte, hat gestarrt)

Der Spaziergänger (a) starrt erschrocken auf den Keiler (b).

1. ‚Wahrnehmung', ‚mit den Augen', ‚beabsichtigt', ‚ohne zeitliche Begrenzung', ‚bewegungslos'
2. a – Wahrnehmungsträger/Mensch/Sn
   b – Wahrnehmungsgegenstand oder -richtung/Lebewesen, Gegenstand, abstrakte Lokalität/pS (Richtungspräposition)
3. Der Vater starrte an die Decke. – Er starrte auf das Kind/auf den Boden/aus dem Fenster/ins Dunkel/in die Ferne/ins Leere.

stieren (stierte, hat gestiert)
= starren (‚wie geistesabwesend')

vernehmen (vernahm, hat vernommen)

Die Schüler (a) vernehmen die Ermahnungen (b) des Direktors.

1. ‚Wahrnehmung', ‚mit dem Gehör', ‚unbeabsichtigt' /geh./

2. a – Wahrnehmungsträger / Mensch, Säugetier / Sn
   b – Wahrnehmungsgegenstand / Geschehen / Sa, NS (daß, w)
3. Der Briefträger vernimmt Hundegebell. Der Hase vernahm ein verdächtiges Geräusch. – Die Betriebsangehörigen vernahmen, daß der Jahresplan überboten wurde / wie hoch sich die Jahresprämie beläuft.

verspüren (verspürte, hat verspürt)

Nach der langen Wanderung verspürte die ganze Familie (a) großen Hunger (b).

1. ‚Wahrnehmung‘, ‚vorherrschend mit dem Tastsinn‘, ‚zuweilen auch Geruchs- bzw. Geschmackssinn beteiligt‘, ‚intensiv‘
2. a – Wahrnehmungsträger / Mensch / Sn
   b – Wahrnehmungsgegenstand / Merkmal, Zustand (körperlich) / Sa
3. Der Mann verspürte Durst. – Sie verspürte keine Müdigkeit / einen säuerlichen Geschmack im Mund / einen Schlag auf der Schulter / heftige Kopfschmerzen.

verstehen (verstand, hat verstanden)

Der Gastwirt (a) versteht jedes Wort (b) unserer Unterhaltung.

1. ‚Wahrnehmung‘, ‚mit den Ohren‘, ‚unbeabsichtigt‘, ‚sinngebend‘
2. a – Wahrnehmungsträger / Mensch / Sn
   b – Wahrnehmungsgegenstand / Mensch, Geschehen / Sa, NS (daß, w)
3. Der Anrufer verstand den Gesprächspartner kaum. – Er versteht den Ansager. Bei diesem Lärm versteht man sein eigenes Wort nicht. Die Patientin versteht, was der Arzt der Krankenschwester zuflüstert / daß ihre Heilung von ihr Geduld verlangt.

wahrnehmen (nahm wahr, hat wahrgenommen)

Das Reh (a) nimmt das leiseste Geräusch (b) wahr.

1. ‚Wahrnehmung‘, ‚mit beliebigem Sinnesorgan‘, ‚unbeabsichtigt‘
2. a – Wahrnehmungsträger / Mensch, Tier / Sn
   b – Wahrnehmungsgegenstand / Lebewesen, Gegenstand, Geschehen, Zustand / Sa, NS (daß, w)
3. Manche Tiere nehmen Töne wahr, die Menschen nicht wahrnehmen können. – Der Polizist nahm nachts eine Gestalt / ein klirrendes Geräusch / eine einschmeichelnde Melodie / einen brandigen Geruch wahr. Die Streithähne hatten gar nicht wahrgenommen, was soeben geschehen war / daß ein schweres Gewitter aufzog.

wittern (witterte, hat gewittert)

Der Jagdhund (a) wittert das Kaninchen (b).

1. ‚Wahrnehmung‘, ‚mit dem Geruchsorgan‘, ‚unbeabsichtigt‘

2. a – Wahrnehmungsträger/Säugetier/Sn
   b – Wahrnehmungsgegenstand/Mensch, Tier, Gegenstand (Geruchsquelle)/Sa
3. Der Wolf wittert Rentiere. – Der Schäferhund wittert einen Einbrecher/ein Wiesel/seine Hundehütte. Das Pferd wittert den Stall.

zugucken (guckte zu, hat zugeguckt) /umg./
= zusehen

zuschauen (schaute zu, hat zugeschaut) /landsch./
= zusehen

zusehen (sah zu, hat zugesehen)
Die Sportfreunde (a) sehen den Eiskunstläufern (b) zu.

1. ‚Wahrnehmung', ‚mit den Augen', ‚beabsichtigt', ‚ohne zeitliche Begrenzung'
2. a – Wahrnehmungsträger/Mensch/Sn
   b – Wahrnehmungsgegenstand/Mensch, Tier, Geschehen/Sd, NS (wie)
3. Die Mutter sieht den Kindern beim Spiel zu. – Die Kinder sehen den Landvermessern/den Schildkröten/dem Start eines Segelflugzeugs zu. Die Leute sehen zu, wie eine Brücke gesprengt wird.

Übungen

1. *beobachten – betrachten – gewahren – gucken – sehen*
   Welches Verb wählen Sie?

   1) Der Spaziergänger ... einen Schwerlasttransporter auf sich zukommen.
   2) Aufmerksam ... die Familie die Auslagen der Schaufenster.
   3) In unbequemer Haltung ... der junge Naturforscher die Grasmücke beim Füttern ihrer Jungen.
   4) Plötzlich ... der Pilzsucher einen gewaltigen Keiler.
   5) Neugierig ... Kinder bei Aufnahmen des Filmstabs zu.
   6) Ich ... etwas, was du nicht ...
   7) Das Mädchen ... ein zutrauliches Wildkaninchen.
   8) Am fernen Horizont ... der Seemann einen Küstenstreifen.

2. *bemerken – entdecken – blicken – erblicken – betrachten*
   Welches Verb wählen Sie?

   1) Erich hat auf der Wiese ein vierblättriges Kleeblatt ...
   2) Die Jurymitglieder ... die eingesandten Ausstellungsstücke.
   3) Hast du in der Briefmarkensammlung den Fehldruck ...?

4) Von unserem Fenster aus ... man direkt auf den Gondelteich.
5) Als ich auf die Straßenbahn wartete, ... ich plötzlich einen ehemaligen Klassenkameraden.
6) Ich decke den Abendbrottisch, ... euch inzwischen die Fotos.

3. *hören – horchen – lauschen – belauschen*
   Welches Verb wählen Sie?
   1) Die Eltern ... die Tochter aus der Diskothek heimkommen.
   2) Ergriffen ... die Konzertbesucher dem Requiem von W. A. Mozart.
   3) Mit angehaltenem Atem ... zwei Naturfreunde eine singende Nachtigall.
   4) Die alte Frau ... schwer.
   5) Der Fremde ..., ob sich in der Wohnung etwas rührt.
   6) Der Vater erwachte plötzlich, weil er ein Geräusch ... hatte.
   7) Die Mutter ... an der Tür auf die Atemzüge des Säuglings.

4. *hören – vernehmen – verstehen – wahrnehmen*
   Welches Verb wählen Sie?
   1) Warum sprichst du so laut? Wir ... dich gut.
   2) Von Januar bis März kann man den Balzruf des Waldkauzmännchens, ein langgezogenes „Huu-hu-hu-uu-u", ...
   3) Die Frau ... schwer. Deshalb ... sie nicht alles, was man sagt.
   4) Der Verunglückte hatte das Auto zu spät ...
   5) Wir wohnen dicht am Bahndamm; nachts kann man die D-Züge vorbeifahren ...
   6) Nachdem wir geläutet hatten, ... wir Hundegebell.
   7) Annette spricht sehr leise; ... du alles, was sie sagt?
   8) Nach langem Schweigen ließ er endlich ein deutliches Ja ...
   9) Hast du ..., was sich dort am Waldrand abgespielt hat?

5. *aufhorchen – lauschen – belauschen – erlauschen – hören*
   Welches Verb wählen Sie?
   1) Als von einer geheimen Verschwörung gesprochen wurde, ... der fremde Gast ...
   2) Der Vorübergehende ... nur wenige Worte des heftigen Streits.
   3) Der Sohn ... die Mutter von ihrer Arbeit kommen.
   4) Das äsende Rehkitz ..., als Laub raschelte.
   5) Der Wanderer ... den lieblichen Tönen einer Nachtigall.
   6) Wer nicht ... will, muß fühlen.

6. Beurteilen Sie die semantische Verträglichkeit von Verb und Aktanten in den folgenden Sätzen!
   Korrigieren Sie die semantische Unverträglichkeit!
   1) Der Gärtner sah überrascht Fußspuren im Nelkenbeet an.
   2) Die Schüler betrachteten den Lehrer beim chemischen Experiment.
   3) Der Leuchtturmwärter sichtet ein Rettungsboot.
   4) Der Kunstliebhaber beobachtet Gemälde des Impressionismus.

5) Der Vater hat seinen Sohn seit Tagen nicht zu Gesicht bekommen.
6) Der Musiker beschaut einen Fleck auf seinem Frack.
7) Der Hofhund späht nach dem Passanten.

7. Beurteilen Sie die semantische Verträglichkeit von Verb und Aktanten in den folgenden Sätzen!
Korrigieren Sie die semantische Unverträglichkeit!
1) Die Schüler lauschten dem lebendigen Vortrag des Lehrers.
2) Hast du gehorcht, worüber der Referent gesprochen hat?
3) Der Lehrer nimmt die Antworten der Schüler wahr.
4) Hast du verstanden, was Martin der Inge zugeflüstert hat?
5) Der Rundfunkhörer erlauschte eine Katastrophenwarnung.
6) Der Einlaßbegehrende verstand lautes Hundegebell.
7) Der Nachbar ist indiskret; er belauscht unsere Gespräche.
8) Der Mann horchte auf, als er seinen Namen hörte.

8. Beurteilen Sie, ob das Verb in den folgenden Sätzen durch die in Klammern stehenden Verben ersetzt werden kann!
Begründen Sie Ihre Entscheidung!
1) Der Landarbeiter beobachtet den Bussard bei der Mäusejagd. (erblicken, gewahren)
2) Der Schüler blickt durch das Fenster auf die Straße. (sehen)
3) Unauffällig betrachtete der Gastgeber die eintretenden Gäste. (beobachten, beschauen, bemerken)
4) Der Schutzpolizist bemerkte einen Jugendlichen, der sich an einem Moped zu schaffen machte. (erblicken, entdecken, sehen)
5) Der Tourist schaute vom Aussichtsturm weit ins Land. (blicken)
6) Der Pilot sichtete ein unbekanntes Flugobjekt. (entdecken)

9. Ersetzen Sie das Verb *wahrnehmen* durch ein passendes Verb des Wortfeldes!
1) Das Reh nahm die Wölfe wahr.
2) Der Förster nahm ein Wildschwein wahr.
3) Der Dirigent nahm Mißtöne in der Orchesterprobe wahr.
4) Als die Frau ins Freie trat, nahm sie schneidende Kälte wahr.
5) Der Kapitän des Schiffes nahm eine unbekannte Insel wahr.
6) Der Gastgeber nahm unter seinen Gästen einen Unbekannten wahr.
7) Der Gast nahm in seiner Suppe Knoblauch wahr.
8) Der Patient nimmt im Kopf einen bohrenden Schmerz wahr.

10. Welche der folgenden Verben bezeichnen
    a) eine bewußte, zeitlich begrenzte Wahrnehmung mit dem Gehör,
    b) eine unbeabsichtigte Wahrnehmung mit den Augen,
    c) die Wahrnehmung von Schmerzempfindungen?
Ordnen Sie die Verben!

bemerken – aufhorchen – empfinden – gewahr werden – erlauschen – spüren – ansichtig werden – erblicken – fühlen – entdecken

11. Was kann man
    sichten – belauschen – erlauschen – schmecken?

12. Was kann man
    anschauen – betrachten – spüren – verstehen?

13. Stellen Sie Verben der Wahrnehmung zusammen, die mit Bezeichnungen von Tieren als Subjekt (Sn) verträglich sind, und verwenden Sie diese Verben in Sätzen!

14. Bilden Sie zu folgenden Verben der Wahrnehmung Verbalsubstantive (Abstrakta), und verbinden Sie die Substantive mit passenden substantivischen Attributen!

    blicken – beobachten – betrachten – entdecken – empfinden – riechen – schmecken – fühlen – wahrnehmen

Verben der Nahrungsaufnahme

Es handelt sich um Verben mit unterschiedlicher Valenz: Bezeichnungen für die Nahrungsaufnahme generell (1wertig: *frühstücken*), die Aufnahme bestimmter Nahrung durch das Agens selbst (Menschen, Tiere) (2wertig: *aufessen*), die Versorgung eines anderen mit Nahrung (3wertig: *füttern*).

Übersicht über das Wortfeld

1. ‚zu einer bestimmten Tageszeit':
   frühstücken
2. ‚eine bestimmte Nahrung'
2.1. ‚ohne Hinweis auf das Ende'
2.1.1. ‚Menschen':
   essen$_1$, speisen$_1$, trinken
2.1.2. ‚Tiere':
   fressen$_1$, saufen$_1$
2.2. ‚mit Hinweis auf das Ende':
   aufessen, verspeisen, verzehren, austrinken
2.3. ‚unästhetisch', ‚von Menschen':
   fressen$_2$, schlürfen, saufen$_2$
2.4. ‚in einer bestimmten Art und Weise':
   kauen, knabbern, lutschen, löffeln
2.5. ‚Teile von Nahrung':
   kosten, verkosten, abschmecken

3. ‚an einem bestimmten Ort':
essen$_2$, sich verpflegen
4. ‚jemanden mit Nahrung versorgen'
4.1. ‚Menschen':
speisen$_2$, füttern$_1$
4.2. ‚Tiere':
füttern$_2$, mästen

Beschreibung der Wörter

abschmecken (schmeckte ab, hat abgeschmeckt)

Die Köchin (a) schmeckt den Braten (b) ab.

1. ‚Teil von Nahrung zu sich nehmen', ‚prüfend', ‚um den Geschmack verbessern zu können'
2. a − Täter/Mensch (Nahrung herstellend)/Sn
   b − Ziel/Ding (Gericht)/Sa
3. Die Mutter/der Koch schmeckt die Suppe ab. − Er schmeckt die Soße/den Salat ab.

aufessen (aß auf, hat aufgegessen)

Das Kind (a) ißt den Brei (b) auf.

1. ‚Nahrung zu sich nehmen', ‚die ganze Nahrung'
2. a − Täter/Mensch (Kollektiv)/Sn
   b − Ziel/Ding (jegliche Nahrung)/Sa
3. Der Vater/Junge ißt die Suppe auf. − Die Familie ißt den Kuchen/Braten/das Eis auf.

austrinken (trank aus, hat ausgetrunken)

Der Handwerker (a) trinkt das Bier (b) aus.

1. ‚flüssige Nahrung zu sich nehmen', ‚die ganze Nahrung'
2. a − Täter/Mensch (Kollektiv)/Sn
   b − Ziel/Ding (flüssige Nahrung)/Sa
3. Das Ehepaar/der Gast trinkt den Wein aus. − Das Mädchen trinkt die Limonade/Milch aus.

essen$_1$ (aß, hat gegessen)

Der Schüler (a) ißt ein Butterbrot (b).

1. ‚feste Nahrung zu sich nehmen', ‚ohne Hinweis auf das Ende'

2. a – Täter/Mensch (Kollektiv)/Sn
   (b) – Ziel/Ding (feste Nahrung)/Sa
3. Die Frau/Reisegruppe ißt Broiler. – Jetzt essen wir Karpfen/Schnitzel/Pilze/Salat.

Anmerkung:
Wie mit anderen Verben kann man mit *essen* auch ausdrücken, daß man etwas Bestimmtes generell bzw. mit Vorliebe ißt bzw. nicht ißt:
Ich esse Eisbein mit Sauerkraut.
Mein Freund ißt keinen Fisch.

essen$_2$ (aß, hat gegessen)

Die Familie (a) ißt heute im Bahnhofshotel (b).
1. ‚Nahrung zu sich nehmen', ‚an einem bestimmten Ort'
2. a – Täter/Mensch (Kollektiv)/Sn
   b – Ort/Ort (an dem normalerweise gegessen wird)/Sa, Adv
3. Die Familie/mein Freund ißt am Sonntag in der Mitropa/dort.

Anmerkung:
Es kann auch gesagt werden, wo man in der Regel ißt:
In der Woche essen wir in der Mensa, am Sonntag aber zu Hause.

fressen$_1$ (fraß, hat gefressen)

Die Pferde (a) fressen trockenes Heu (b).
1. ‚feste Nahrung zu sich nehmen', ‚gebunden an Tiere'
2. a – Täter/Tier/Sn
   b – Ziel/Pflanze, Tier, Ding (feste Nahrung)/Sa
3. Das Kaninchen/der Hase/das Pferd frißt Rüben. – Schweine fressen Kartoffeln/Schrot/Rüben.

Anmerkung:
Das Verb kann auch ausdrücken, daß Tiere etwas generell oder mit Vorliebe fressen:
Hunde fressen Hundekuchen.

fressen$_2$ (fraß, hat gefressen)

Der Junge (a) frißt geradezu den Eintopf (b).
1. ‚Nahrung zu sich nehmen', ‚bezogen auf Menschen', ‚unästhetisch' /vulgär/
2. a – Täter/Mensch/Sn
   (b) – Ziel/Pflanze, Ding (feste Nahrung)/Sa
3. Der Mann/Gast frißt die belegten Brötchen. – Sie fressen regelrecht das Fleisch/den Fisch.

frühstücken (frühstückte, hat gefrühstückt)

Die Familie (a) frühstückt zeitig.

1. ‚Nahrung zu sich nehmen', ‚am Morgen (1. Frühstück) oder am Vormittag (2. Frühstück)'
2. a – Täter/Mensch (Kollektiv)/Sn
3. Die Arbeiter/Leute frühstücken jetzt.
   Anm.: Man kann eine zweite Variante annehmen, die 2wertig ist und zu der die Angabe des Ziels als zweiter Valenzpartner gehört:
   In der Regel frühstücken wir Brot, Eier und Marmelade.

*füttern*₁ (fütterte, hat gefüttert)

Die Mutter (a) füttert den Säugling (b) mit Brei (c).

1. ‚mit Nahrung versorgen', ‚bezogen auf Menschen'
2. a – Täter/Mensch/Sn
   b – Empfänger/Mensch (unbeholfen, krank)/Sa
   (c) – Ziel/Pflanze, Ding (feste und flüssige Nahrung)/pS (mit)
3. Die Schwester/Ehefrau füttert den Patienten/Kranken mit Brühe. – Die Tochter füttert die alte Mutter mit Apfelmus/Suppe/Brei.

Anmerkung:
Das Verb kann auch die Tätigkeit generell bezeichnen, dann fehlt der Zielaktant. Häufig tritt dann die Bezeichnung des Instruments hinzu:
Sie füttert die Mutter mit einem Löffel.

*füttern*₂ (fütterte, hat gefüttert)

Der Wärter (a) füttert die Raubtiere (b) mit rohem Fleisch (c).

1. ‚mit Nahrung versorgen', ‚bezogen auf Tiere'
2. a – Täter/Mensch (Kollektiv)/Sn
   (b) – Empfänger/Tier/Sa
   (c) – Ziel/Pflanze, Ding (feste Nahrung)/pS (mit)
3. Die Frau/Bäuerin füttert die Schweine/Hühner mit Kartoffeln. – Sie füttert die Tiere mit Heu/Rüben/Kohl.

kauen (kaute, hat gekaut)

Das Kleinkind (a) kaut harte Brotrinden (b).

1. ‚Nahrung zu sich nehmen', ‚Zerkleinern der Nahrung mit den Zähnen'
2. a – Täter/Mensch, Tier/Sn
   (b) – Ziel/Pflanze, Ding (harte Nahrung)/Sa, pS (an)
3. Der Mann/Junge kaut Zwieback/am Zwieback. – Das Pferd kaut Hafer/Stroh.

Anmerkung:
kauen in Verbindung mit *Wein* bzw. *Weinsorte* bezeichnet ein Prüfen:
Der Feinschmecker kaut den Wein.

knabbern (knabberte, hat geknabbert)

Die Familie (a) knabbert Salzstangen (b).

1. ‚harte Nahrung zu sich nehmen', ‚in kleinen Bissen', ‚wiederholt', ‚mit den Zähnen zerkleinern'
2. a – Täter/Mensch (Kollektiv)/Sn
   (b) – Ziel/Pflanze, Ding/Sa, pS (an)
3. Das Kind/Mädchen knabbert an der Mohrrübe. – Der Besuch knabbert Süßigkeiten/Nüsse/Salzstangen.

kosten (kostete, hat gekostet)

Der Besuch (a) kostet den Kuchen (b).

1. ‚etwas Nahrung zu sich nehmen', ‚den Geschmack/die Güte prüfen', ‚probieren'
2. a – Täter/Mensch (Kollektiv)/Sn
   b – Ziel/Pflanze, Ding (feste und flüssige Nahrung)/Sa, pS (von)
3. Die Mutter/Köchin/Frau kostet die Suppe. – Sie kostet von den Süßigkeiten/dem Pudding/Gemüse.
   Anm.: Hier könnte man auch zwei Varianten unterscheiden.
   b = Sa: Der Besuch kostet den Kuchen.
           (Es kann um das Probieren oder das Prüfen gehen.)
   b = pS: Der Besuch kostet vom Kuchen.
           (Es handelt sich um das Probieren.)

löffeln (löffelte, hat gelöffelt)

Der Junge (a) löffelt Kartoffelsuppe (b).

1. ‚flüssige bzw. breiige Nahrung zu sich nehmen', ‚mit Hilfe eines Löffels'
2. a – Täter/Mensch/Sn
   b – Ziel/Pflanze, Ding (flüssig, breiig)/Sa
3. Die Jungen/Gäste/Arbeiter löffeln Hühnerbrühe. – Sie löffeln Eis/Eintopf.

lutschen (lutschte, hat gelutscht)

Die Kinder (a) lutschen Bonbons (b).

1. ‚Nahrung bzw. Teile von Nahrung aufnehmen', ‚mit Hilfe der Lippen und der Zunge', ‚im Munde zergehen lassen'
2. a – Täter/Mensch/Sn
   b – Ziel/Ding (feste Nahrung, die sich in flüssige umwandelt)/Sa, pS (an)

Konstruktionen mit Sa geben an, daß die ganze Nahrung, solche mit pS (an), daß nur ein Teil der Nahrung aufgenommen wird.
3. Die Tante/Frau/Verkäuferin lutscht Schokolade/an der Schokolade. – Wir lutschen gerne Drops/Bonbons/Pfefferminze.

mästen (mästete, hat gemästet)

Die Frau (a) mästet die Gänse (b) mit Schrot (c).

1. ‚Schlachtvieh mit Nahrung versorgen', ‚mit dem Zweck der Steigerung des Fleisch- bzw. Fettansatzes'
2. a – Täter/Mensch (Kollektiv, in Landwirtschaft tätig)/Sn
   b – Empfänger/Tier (Schlachtvieh)/Sa
   (c) – Ziel/Pflanze, Ding/pS (mit)
3. Der Bauer/die LPG mästet Schweine/Gänse/Hühner mit Kartoffeln. – Die Frau mästet Gänse mit Kartoffeln/Nudeln.

*saufen*₁ (soff, hat gesoffen)

Das Kätzchen (a) säuft Milch (b).

1. ‚flüssige Nahrung zu sich nehmen', ‚bezogen auf Tiere'
2. a – Täter/Tier/Sn
   (b) – Ziel/Ding (flüssige Nahrung)/Sa
3. Das Pferd/Schwein/der Hund säuft Wasser. – Er säuft Brühe/Wasser.

*saufen*₂ (soff, hat gesoffen)

Der Mann (a) säuft nur Bier (b).

1. ‚Alkohol zu sich nehmen', ‚vielfach in großen Mengen', ‚bezogen auf Menschen' /vulgär/
2. a – Täter/Mensch (Kollektiv)/Sn
   (b) – Ziel/Ding (Alkohol)/Sa
3. Der Mann/Gast säuft Wodka. – Er säuft Wodka/Bier/Wein.

schlürfen (schlürfte, hat geschlürft)

Der Junge (a) schlürft die Brause (b).

1. ‚flüssige Nahrung zu sich nehmen', ‚in den Mund einsaugen', ‚mit Geräusch', ‚unästhetisch'
2. a – Täter/Mensch, Tier/Sn
   (b) – Ziel/Ding (Flüssigkeit)/Sa
3. Das Mädchen/Kind/der Greis schlürft heißen Tee. – Die Kühe schlürfen Wasser/Milch.

*speisen*₁ (speiste, hat gespeist)

Die Hochzeitsgesellschaft (a) speiste zu Mittag im Hotelrestaurant (b).
1. ‚Nahrung zu sich nehmen', ‚in einer festlichen Situation' /geh./
2. a – Täter/Mensch (Kollektiv)/Sn
   b – näherer Umstand/Ort/pS (lokale Präpositionen)
3. Der junge Mann/die ganze Familie speiste in der 37. Etage des Luxushotels. – Er speiste mit Freunden in einem kleinen Gartenlokal/im Salon des Hotels/auf Deck des Passagierschiffes.

*speisen*₂ (speiste, hat gespeist)

Das neue Restaurant (a) kann 800 Gäste (b) gleichzeitig speisen.
1. ‚jemanden mit Nahrung versorgen', ‚bezogen auf Menschen' /geh./
2. a – Täter/Mensch (Kollektiv, Institution)/Sn
   b – Empfänger/Mensch (Kollektiv)/Sa
   Anm.: Der logisch angelegte 3. Aktant (‚mit etwas') wird im allgemeinen Sprachgebrauch nicht realisiert.
3. Der Klub/die Gaststätte/das Ferienheim vermag alle Gäste zu speisen. – Das Heim speist die Urlauber/die Kinder/die Reisegruppe.

trinken (trank, hat getrunken)

Die Kinder (a) trinken Milch (b).
1. ‚Flüssigkeit zu sich nehmen'
2. a   – Täter/Mensch/Sn
   (b) – Ziel/Ding (Flüssigkeit)/Sa
3. Die Brigade/der Handwerker trinkt Limonade. – Wir trinken Wein/Kaffee.

verkosten (verkostete, hat verkostet)

Der Prüfer (a) verkostet Weißwein (b).
1. ‚Teile von Nahrung zu sich nehmen', ‚mehrere Sorten', ‚prüfend'
2. a – Täter/Mensch (häufig als Beruf)/Sn
   b – Ziel/Pflanze, Ding (feste, flüssige Nahrung)/Sa
3. Die Köchin/Hausfrau verkostet Soßen. – Der Küchenchef verkostet Suppe/Braten/Gemüse.

verpflegen (verpflegte, hat verpflegt)

In der Saison verpflegt das Ferienheim (a) auch die Urlauber (b) in den Bungalows.
1. ‚mit Nahrung versorgen', ‚auf Menschen bezogen', ‚über einen längeren Zeitraum'
   Anm.: Häufig wird das Verb reflexiv in Verbindung mit *selbst* oder passiv gebraucht.

2. a – Täter/Mensch (Kollektiv, Institution)/Sn
   b – Empfänger/Mensch (Kollektiv)/Sa, Reflexivpronomen
3. Die Campingurlauber/die Wasserwanderer/die Alpinisten verpflegen sich selbst. – Sie werden von der Mensa/der Gaststätte/dem Sanatorium verpflegt.

verspeisen (verspeiste, hat verspeist)

Der Besuch (a) hat zwei Torten (b) verspeist.

1. ‚feste Nahrung zu sich nehmen', ‚in großen Mengen', ‚alles aufnehmend' /zuweilen ironisch/
2. a – Täter/Mensch (Kollektiv)/Sn
   b – Ziel/Pflanze, Ding (in großen Mengen)/Sa
3. Der Besuch/die Gesellschaft hat ein Spanferkel verspeist. – Wir haben mit Appetit Karpfen/Kaninchen/Gänse verspeist.

verzehren (verzehrte, hat verzehrt)

Das Kind (a) verzehrt mit Genuß sein Frühstück (b).

1. ‚Nahrung zu sich nehmen', ‚feste, flüssige Nahrung', ‚zuweilen in bestimmten Räumlichkeiten (Gaststätte ...)'
2. a – Täter/Mensch (Kollektiv)/Sn
   b – Ziel/Pflanze, Ding/Sa
3. Die junge Frau/Familie verzehrte das festliche Mahl mit großem Genuß. – Wir haben das ganze Abendbrot/ein Menü/vier Gänge verzehrt.

Übungen

1. *essen – speisen – trinken – aufessen – verspeisen – verzehren – austrinken – saufen*
   Welches Verb wählen Sie?

   1) Die Kuh hat einen ganzen Eimer Wasser ...
   2) Der Gast hat im Rasthaus ein Menü für 20,– M ...
   3) Der Arbeiter hat ein ganzes Huhn allein ...
   4) Wir ... das Glas Bier jetzt ... und gehen nach Hause.
   5) Anläßlich unseres 20. Hochzeitstages werden wir in einem Salon des Hotels ...
   6) Fast alle Kinder ... in der Schule Milch.
   7) Trotz wiederholter Ermahnungen hat der Junge sein Frühstücksbrot nicht ...

2. *fressen – schlürfen – kauen – knabbern – lutschen – saugen – löffeln*
   Welches Verb wählen Sie?

   1) Das Kleinkind ... am Zwieback.

2) Das kranke Kätzchen ... an der Flasche.
3) Das Mädchen ... Nüsse.
4) Er setzt das Glas an den Mund und ... die Limonade in einem Zug.
5) In der Imbißstube ... er schnell einen Teller Erbsensuppe.
6) Pferde ... am liebsten Hafer.
7) Kinder ... gern saure Drops.

3. *kosten – verkosten – abschmecken – essen – sich verpflegen – füttern – mästen*
Welches Verb wählen Sie?

1) Der Wirt ... das Bier.
2) Die Köchin ... das Vorgericht ...
3) Die Dienstreisenden ... im Speisewagen.
4) Morgens und abends ... wir zu Hause, mittags in einer Imbißstube.
5) Der LPG-Bauer ... ein Bullenkalb.
6) Die Mutter ... das Kleinkind.
7) Morgens und abends ... die Kursteilnehmer selbst.

4. Ersetzen Sie das Verb *essen* durch ein treffenderes Verb des Wortfeldes!

1) Der Bauarbeiter ißt sein Frühstücksbrot vollständig.
2) Der Junge ißt einen Bonbon.
3) Die Frau ißt Eintopf.
4) Am Sonntagmorgen ißt die ganze Familie ausgiebig und in aller Ruhe.
5) Bei einem Glas Wein ißt man gern auch Salzstangen oder Erdnüsse.
6) Der Gourmand ißt die Forelle mit großem Genuß.

5. Stellen Sie die semantische Verträglichkeit bzw. Unverträglichkeit zwischen Verb und Aktant (b) fest!

1) Der Junge knabbert Plätzchen / Leberwurst / Zwieback / Knochen.
2) Das Pferd frißt Gras / Wasser / Fleisch.
3) Der Säugling lutscht an der Flasche.
4) Die Familie knabbert Salzstangen / Nüsse / Kartoffeln / Erdbeertorte.
5) Die alte Frau kaut das Fleisch / die Hühnerbrühe langsam.

6. Welche Nahrung ist auf die angedeutete Art von dem genannten Täter aufzunehmen?

1) Das Schaf säuft ...
2) Der Angetrunkene schlürft ...
3) Die Arbeiter löffeln in der Werkküche ...
4) Der Säugling trinkt ...
5) Der Kenner verkostet ...
6) Die Hausfrau kostet ...

7. Was kann man
knabbern – löffeln – lutschen – trinken – abschmecken?

8. *kosten – füttern – löffeln – frühstücken – schlürfen – mästen – abschmecken – aufessen – austrinken – verzehren – verkosten – verspeisen*

   Welche Verben
   a) weisen auf eine bestimmte Tageszeit hin,
   b) weisen auf ein bestimmtes Instrument hin,
   c) beziehen sich auf Tiere,
   d) bezeichnen die Aufnahme von Teilen der Nahrung,
   e) enthalten den Hinweis auf das Ende der Nahrungsaufnahme,
   f) enthalten das Sem ‚unästhetisch'?

Verben des Produzierens

Unter *Produzieren* wird das Herstellen materieller Dinge durch Menschen (gelegentlich ersetzbar durch eine Maschine/einen Automaten) verstanden. Dabei können Geräte oder Maschinen verwendet werden.
Ausgeklammert werden jene Verben, die das Herstellen von künstlerischen Erzeugnissen oder von Nahrungsmitteln bezeichnen.
Eine Grobeinteilung ergibt sich aus dem Aggregatzustand des Produktes, dessen Entstehen durch das verbale Geschehen gefaßt wird.
Alle Verben sind zweiwertig.

Übersicht über das Wortfeld

1. ‚Resultate verschiedenen Aggregatzustandes':
   produzieren, erzeugen, herstellen
2. ‚Resultate festen Aggregatzustandes'
2.1. ‚feste Erzeugnisse aus unterschiedlichem Material':
   anfertigen, bauen$_1$, zusammenbauen, montieren
2.2. ‚feste Erzeugnisse aus Holz bzw. Metall':
   drehen, hobeln, sägen, schnitzen, gießen, schmieden
2.3. ‚feste Erzeugnisse aus Stein bzw. steinähnlichem Material':
   bauen$_2$, mauern, erbauen
2.4. ‚feste Erzeugnisse aus Stoff bzw. stoffähnlichem Material':
   schneidern, nähen, häkeln, stricken
3. ‚Resultate flüssigen Aggregatzustandes':
   schmelzen
4. ‚Resultate gasförmigen Aggregatzustandes':
   verdampfen

Beschreibung der Wörter

anfertigen (fertigte an, hat angefertigt)
Der Künstler (a) fertigte eine Kopie (b) an.
1. ‚feste Erzeugnisse', ‚aus unterschiedlichem Material',
   ‚vorwiegend in Handarbeit'
2. a – Täter/Mensch (Kollektiv, Institution)/Sn
   b – Resultat/Ding (verschiedene Materialien)/Sa
3. Der Betrieb/Handwerker fertigt Fahrräder an. – Die Genossenschaft fertigt Metallwaren/Pflüge an.

*bauen*₁ (baute, hat gebaut)
Der Bastler (a) baut einen Eckschrank (b).
1. ‚feste Erzeugnisse', ‚aus unterschiedlichem Material', ‚durch festes Zusammenfügen einzelner Teile'
2. a – Täter/Mensch (Kollektiv, Institution)/Sn
   b – Resultat/Ding (vorwiegend Holz und Metall)/Sa, pS (an)
3. Der Betrieb/das Werk baut Flugzeuge. – Mein Freund baut an einem Radio/Fahrrad.
   Anm.: Die Konstruktion mit Sa weist hier und in anderen Fällen dieses Wortfeldes auf die zielgerichtete Tätigkeit hin, die mit pS (an) gibt an, daß der Täter mit der Produktion beschäftigt ist.

*bauen*₂ (baute, hat gebaut)
Das Wohnungsbaukombinat (a) baut diese Turnhalle (b).
1. ‚feste Erzeugnisse', ‚aus Stein oder steinähnlichem Material', ‚durch Zusammenfügen einzelner Bestandteile nach einem bestimmten Plan'
2. a – Täter/Mensch (Kollektiv, Institution)/Sn
   b – Resultat/Ding (Stein)/Sa, pS (an)
3. Die Brigade/das Kombinat baut Garagen. – Wir bauen ein Eigenheim/eine Laube. – Wir bauen an einem Eigenheim.

drehen (drehte, hat gedreht)
Der Automat (a) dreht Schrauben (b).
1. ‚feste Erzeugnisse', ‚vorwiegend aus Holz oder Metall', ‚durch kreisende Bewegung des Materials'
2. a – Täter/Mensch (Kollektiv, Institution), Maschine/Sn
   b – Resultat/Ding (vorwiegend aus Holz oder Metall)/Sa
   Die Arbeit von Menschen können hier und in anderen Prozessen Maschinen übernehmen.

3. Die Brigade/der Meister/die Maschine dreht Wellen. – Dieser Betrieb dreht Hülsen/Leuchter.

erbauen (erbaute, hat erbaut)

Das Kombinat (a) hat den neuen Stadtteil (b) in weniger als drei Jahren erbaut.

1. ‚feste Erzeugnisse', ‚vorwiegend aus Stein', ‚durch Zusammenfügen einzelner Bestandteile nach einem festen Plan', ‚speziell große Gebäude', ‚Abschluß'
2. a – Täter/Kollektiv, Institution/Sn
   b – Resultat/Ding (groß, speziell aus Stein)/Sa
3. Viele Betriebe haben die Oper erbaut. – Viele Menschen haben dieses Kleinod/diese Raststätte/Ausstellungshalle erbaut.

erzeugen (erzeugte, hat erzeugt)

Die LPG (a) erzeugt in diesem Jahr mehr Eier (b) als sonst.

1. ‚besonders landwirtschaftliche Erzeugnisse', ‚aus unterschiedlichem Material', ‚vorwiegend industriemäßig'
2. a – Täter/Institution/Sn
   b – Resultat/Ding (vorwiegend Landwirtschaft)/Sa
3. Das Werk/der Betrieb erzeugt Gummi. – Dort erzeugt man Kälber/Broiler/Fleisch.

gießen (goß, hat gegossen)

Der Rentner (a) gießt Zinnfiguren (b) für eine Ausstellung.

1. ‚feste Erzeugnisse', ‚aus Metall, Beton, Gips oder Wachs', ‚flüssig gemachte Masse in eine Form bringen'
2. a – Täter/Mensch (Kollektiv, Institution)/Sn
   b – Resultat/Ding (Metall, Beton, Gips, Wachs)/Sa
3. Der Künstler/die Frau gießt ein Medaillon. Der Betrieb gießt Glocken/Betonplatten. – Er gießt Lettern/Leuchter/Gehwegplatten/Statuen/Kerzen/Bleikugeln.

häkeln (häkelte, hat gehäkelt)

Die Frau (a) häkelt Topflappen (b).

1. ‚feste Erzeugnisse', ‚aus Stoff oder stoffähnlichem Material', ‚Fäden mit einer Nadel zu Maschen verschlingen'
2. a – Täter/Mensch/Sn
   b – Resultat/Ding (Gewebe)/Sa, pS (an)
3. Die Mutter/das Mädchen häkelt ein Deckchen. – Sie häkeln sich Mützen/Handschuhe/Tücher.

herstellen (stellte her, hat hergestellt)

Der Betrieb (a) stellt Oberbekleidung (b) her.

1. ‚Erzeugnisse unterschiedlichen Aggregatzustandes', ‚aus unterschiedlichem Material', ‚industriemäßig oder manuell'
2. a – Täter/Mensch (Kollektiv, Institution)/Sn
   b – Resultat/Ding (verschiedene Materialien)/Sa
3. Diese Genossenschaft/Fabrik stellt Möbel her. – Sie stellt Modeschmuck/Apfelwein/Backwaren her.

hobeln (hobelte, hat gehobelt)

Der Tischler (a) hobelt Bretter (b).

1. ‚feste Erzeugnisse', ‚vorwiegend aus Holz', ‚durch Abheben von Spänen'
2. a – Täter/Mensch (auch Maschine)/Sn
   b – Resultat/Ding (vorwiegend Holz)/Sa
3. Der Tischler/diese Maschine hobelt Bretter für Fensterläden. – Er hobelt Bretter/Leisten.

mauern (mauerte, hat gemauert)

Die Brigade (a) mauert eine Wand (b).

1. ‚feste Erzeugnisse', ‚Gebäude oder Teile', ‚aus Stein und Mörtel', ‚manuell'
2. a – Täter/Mensch (Kollektiv)/Sn
   b – Resultat/Ding (Mauer, Gebäude)/Sa
3. Die Brigade/der Facharbeiter/Lehrling mauert einen Stall. – Er mauert einen Schornstein/Türbogen/eine Wand.

montieren (montierte, hat montiert)

Die Frauen (a) montieren Radios (b).

1. ‚feste Erzeugnisse', ‚vorwiegend aus Metall', ‚aus Einzelteilen zusammensetzen'
2. a – Täter/Mensch (Kollektiv)/Sn
   b – Resultat/Ding (vorwiegend Metall)/Sa
3. Die Brigade/der Betrieb montiert Autos. – Der Betrieb montiert eine große Stahlbrücke/die Fabrikhalle/ein Gerüst.

nähen (nähte, hat genäht)

Die Mutter (a) näht eine Bluse (b).

1. ‚feste Erzeugnisse', ‚aus Stoff oder stoffähnlichem Material', ‚vorwiegend Kleidung'
2. a – Täter/Mensch (Kollektiv, Institution)/Sn
   b – Resultat/Ding (vorwiegend Kleidungsstücke)/Sa, pS (an)
3. Die Mutter/die Gruppe näht Schürzen. – Die Schwester näht Röcke/an einem Kleid.

produzieren (produzierte, hat produziert)

Dieses Werk (a) produziert Landmaschinen (b).

1. ‚Erzeugnisse unterschiedlichen Aggregatzustandes', ‚aus unterschiedlichem Material', ‚industriemäßig', ‚in größerer Zahl'
2. a – Täter / Kollektiv, Institution / Sn
   b – Resultat / Ding (größere Anzahl) / Sa
3. Die Brigade / der Betrieb produziert Konserven. – Die Genossenschaft produziert Milch / Fleisch / Roggen.

sägen (sägte, hat gesägt)

Die Arbeiter (a) sägen heute Vierkanthölzer (b).

1. ‚feste Erzeugnisse', ‚vorwiegend aus Holz', ‚durch Zerschneiden mit Hilfe einer Säge'
2. a – Täter / Mensch (Kollektiv) / Sn
   b – Resultat / Ding (vorwiegend Holz) / Sa
3. Der Tischler / Lehrling sägt Bretter. – Die Brigade sägt Balken / Bohlen / Schwellen.

schmelzen (schmolz/schmelzte, hat geschmolzen/geschmelzt)

Der Juwelier (a) schmilzt Gold (b) für einen Ring.

1. ‚flüssige Erzeugnisse aus festen Stoffen', ‚durch Hitze'
2. a – Täter / Mensch (Kollektiv) / Sn
   b – Resultat / Ding (Stoffe) / Sa
3. Die Kollegen / Facharbeiter schmelzen Silber. – Im Stahlwerk schmilzt man Eisen / Silber / Edelmetall.

schmieden (schmiedete, hat geschmiedet)

Der Handwerker (a) schmiedet ein eisernes Tor (b).

1. ‚feste Erzeugnisse', ‚aus Metall, besonders Eisen', ‚glühend mit einem Hammer formen'
2. a – Täter / Mensch (Kollektiv) / Sn
   b – Resultat / Ding (Eisen, Metall) / Sa
3. Der Meister schmiedet Hufeisen. – Er schmiedet Ketten / Ringe / Bolzen / Nägel.

schneidern (schneiderte, hat geschneidert)

Die Frau (a) schneidert (sich) eine Jacke (b).

1. ‚feste Erzeugnisse', ‚aus Stoff oder stoffähnlichem Material', ‚Kleidung nach Maß'

2. a – Täter / Mensch / Sn
   b – Resultat / Ding (Kleidung) / Sa
3. Das Mädchen / die Frau / Schneiderin schneidert sich eine Hose. – Sie schneidert sich selbst einen Rock / ein Kleid / Kostüm.

schnitzen (schnitzte, hat geschnitzt)

Der Vater (a) schnitzt aus Rinde ein Boot (b).

1. ‚feste Erzeugnisse‘, ‚vorwiegend aus Holz‘, ‚durch Abheben kleiner Stücke‘
2. a – Täter / Mensch / Sn
   b – Resultat / Ding (vorwiegend aus Holz) / Sa, pS (an)
3. Der Junge / Künstler / Arbeiter schnitzt eine Pfeife. – Der Künstler schnitzt an einer Figur / an einem Kopf.

stricken (strickte, hat gestrickt)

Die Mutter (a) strickt der Tochter einen Pullover (b).

1. ‚feste Erzeugnisse‘, ‚aus Stoff oder stoffähnlichem Material‘, ‚mit Nadeln einen Faden zu Maschen vereinigen‘, ‚auch maschinell möglich‘
2. a – Täter / Mensch (auch Maschine) / Sn
   b – Resultat / Ding / Sa, pS (an)
3. Die Frau / Strickmaschine strickt eine Jacke. – Sie strickt Strümpfe / an einem Kleid.

verdampfen (verdampfte, hat verdampft)

Der Chemielehrer (a) verdampft Alkohol (b).

1. ‚gasförmige Erzeugnisse‘, ‚aus flüssigen Stoffen‘
2. a – Täter / Mensch (Maschine) / Sn
   b – Resultat / Ding (gasförmig) / Sa
3. Diese Anlage / Brigade verdampft Wasser.
   Anm.: Als zweiter Aktant tritt die Bezeichnung des Ausgangsmaterials auf. Das Resultat wird durch das Verb angegeben.

zusammenbauen (baute zusammen, hat zusammengebaut)

Der junge Mann (a) baut das Auto (b) zusammen.

1. ‚feste Erzeugnisse‘, ‚vorwiegend aus Metall bzw. Holz‘, ‚aus Einzelteilen zusammenfügen‘
2. a – Täter / Mensch (Kollektiv) / Sn
   b – Resultat / Ding (vorwiegend Holz, Metall) / Sa
3. Die Brigade / die Handwerker / der Betriebsteil baut Motoren zusammen. – Sie bauen die Schrankwand / das Auto / den Handwagen zusammen.

Übungen

1. *anfertigen – bauen – zusammenbauen – montieren – schmelzen*
   Welches Verb wählen Sie?

   1) Der Handwerker ... auf Bestellung Schrankwände ...
   2) Der Baubetrieb ... im Neubauviertel ein Hochhaus.
   3) Da liegen die Teile des Traktors, nun werden sie ...
   4) Im Ofen wird Eisen ...
   5) Die Teile des Fahrstuhlschachtes sind jetzt ..., nun erfolgt der weitere Ausbau.
   6) Die Schneiderin ... dem jungen Mädchen zur Hochzeit ein hübsches Kleid ...
   7) Die Neubauten werden fast ausschließlich aus Fertigteilen ...
   8) Der junge Mann ... sich in seiner Freizeit aus alten Teilen ein Auto ...

2. *schneidern – nähen – häkeln – stricken*
   Welches Verb wählen Sie?

   1) Sie ... sich ein Kleid aus Seide.
   2) Die Frau ... ein Tuch als Geschenk.
   3) Die Mutter ... wollene Socken.
   4) Die Frau ... die beiden Tücher zusammen.
   5) Die Studentin ... sich eine Jacke aus Leinen nach einer Vorlage in der Modezeitschrift.
   6) Die Schülerin ... ein Mützchen für das Baby ihrer Lehrerin.
   7) Die Großmutter ... einen Pullover für ihre Enkeltochter.
   8) Das Maßatelier ... Anzüge in kürzester Frist.

3. *drehen – hobeln – sägen – schnitzen – gießen – bauen$_2$ – mauern – erbauen*
   Welches Verb wählen Sie?

   1) Der Künstler ... eine Holzfigur.
   2) Die Brigade ... den Giebel des Eigenheims.
   3) Der Tischler ... eine Blumenbank.
   4) Die Stadt ... am Stadtrand 100 Neubauwohnungen.
   5) In seiner Freizeit ... er gern Zinnfiguren.
   6) Der Zimmermann ... die Bretter für das Garagendach zurecht.
   7) Das Opernhaus in Dresden ist zum zweiten Mal in den Jahren 1871–1878 nach den Plänen von Gottfried Semper ... worden.
   8) Apolda ist die einzige Stadt in der DDR, in der Kirchenglocken ... werden.

4. Ersetzen Sie das Verb *bauen* durch ein treffenderes Verb des Wortfeldes!

   1) Der Tischler baut ein Arbeitszimmer.
   2) Die Lehrlinge bauen eine Garage.
   3) Die Brigade baut Wohnhäuser aus Fertigteilen.
   4) Die Fabrik baut Computer.
   5) Der Junge baut aus Rinde ein Boot.

6) Der Schmied baut Hufeisen.
7) Der Betrieb baut eine neue Eisenbahnbrücke aus Stahlteilen.
8) Das Kombinat baut Polstermöbel.

5. Ersetzen Sie das Verb *anfertigen* durch ein passendes Verb des Wortfeldes!
    1) Mein Freund fertigt in einer Fabrik Schrauben an.
    2) Der Nachbar fertigt einen Hühnerstall an.
    3) Der Maurer fertigt ein Wochenendhaus an.
    4) Der Tischler fertigt Teller an.
    5) Der junge Mann fertigt Zinnfiguren an.
    6) Die alte Frau fertigt dicke Wollsocken für ihren Sohn an.
    7) Die junge Mutter fertigt eine Ausfahrgarnitur für ihren Säugling an.
    8) Der Bastler fertigt Leisten für die Wandverkleidung an.

6. In welchen Fällen sind Verb und Aktant nicht verträglich?
    1) Die Werkstatt montiert Nadeln und Nähmaschinen.
    2) Der Baubetrieb fertigt ein Hochhaus an.
    3) Im Werk C werden die Teile der Maschine zusammengebaut.
    4) Der Junge fertigt ein Fahrrad an.
    5) Der Tischler hobelt die neuen Fenster.
    6) Die Molkerei stellt verschiedene Milchgetränke und Käsesorten her.
    7) Das Mädchen häkelt für die Großmutter einen Topflappen und eine Schürze.
    8) Der Arbeiter dreht Teile für den Motor.

7. Durch welche Prozesse können folgende Gegenstände hergestellt werden?

    Wollhandschuhe – Fernseher – Welle für eine Maschine – neue Gaststätte – Eier – Hufeisen

Verben des Reinigens

Unter *Reinigen* wird das Entfernen bzw. Aussondern von Schmutz oder anderen Schadstoffen (im weitesten Sinne) mit Hilfe von unterschiedlichen Gerätschaften (Arbeitsmitteln, Arbeitsgeräten, Werkzeugen, Apparaten, Maschinen) und oft unter Verwendung von Reinigungsmitteln (Wasser, Waschmitteln, Kosmetika, Chemikalien) verstanden, wobei ein Zusammenwirken verschiedener Gerätschaften und verschiedener Reinigungsmittel möglich ist.

Allen diesen Verben liegt zugrunde, daß jemand oder etwas jemanden oder etwas von bestimmten Dingen befreit, wobei u. U. ein Hilfsmittel verwendet wird. Diese Verben sind logisch vierwertig, doch nur bei wenigen Verben werden der 3. Aktant (das Instrument) und der 4. Aktant (das zu Entfernende) sprachlich realisiert. Einige Verben (z. B. abbürsten, fegen, harken) bezeichnen das Instrument des Reinigens, während sich andere (z. B. abschminken, entgräten, entschlacken) auf das beziehen, was entfernt werden soll.

Übersicht über das Wortfeld

1. allgemein:
   reinigen, säubern; saubermachen, vom Schmutz befreien, den Schmutz entfernen
2. ‚unter Verwendung von Wasser (und Waschmitteln)':
   baden, duschen, spülen, waschen, wischen₁, abspülen, ausspülen, abwaschen, aufwaschen; ein Bad nehmen, eine Dusche nehmen
3. ‚unter Verwendung eines Arbeitsgerätes bzw. einer Maschine':
   fegen, kehren, harken, ausfegen, abkehren, auskehren, abbürsten, ausbürsten, absaugen
4. ‚unter Verwendung von Seife':
   abseifen
5. ‚durch mechanische Einflußnahme':
   klopfen, ausklopfen, abreiben, sich abtreten
6. ‚zum Glänzen bringen':
   putzen
7. ‚durch Entfernen des Störenden', und zwar
7.1. ‚des Nichtgenießbaren':
   entgräten
7.2. ‚des Unkrauts':
   jäten
7.3. ‚der Feuchtigkeit':
   abtrocknen
7.4. ‚der Ablagerung':
   abwischen, ausputzen, entkalken, entschlacken, wischen₂
7.5. ‚das zuvor Zugesetzten':
   abschminken

Anmerkung:
Das Wortfeld umfaßt weit mehr Verben, als hier aufgeführt sind. Aus Gründen der Übersichtlichkeit erfolgte diese zahlenmäßige Begrenzung.

Beschreibung der Wörter

abbürsten (bürstete ab, hat abgebürstet)
Der junge Mann (a) bürstet seinen Mantel (b) ab.
1. ‚Tätigkeit', ‚Reinigung mit einem Arbeitsgerät (Bürste)'
2. a – Täter / Mensch / Sn
   b – Objekt / Gegenstand (Kleidung) / Sa
   Anm.: Wenn ein Dativ erscheint, so handelt es sich um einen freien Dativ:
   Der Sohn bürstet *dem Vater* den Mantel ab.
3. Die Mutter bürstet den Rock ab. – Er bürstet die Schuhe / den Hut ab. Er bürstet sich die Hosen ab.

abfegen (fegte ab, hat abgefegt)
Der Tischler (a) fegte die Hobelbank (b) mit einem Handbesen (c) ab.
1. ‚Tätigkeit', ‚Reinigung mit einem Arbeitsgerät'
2. a – Täter/Mensch/Sn
   b – Objekt/Gegenstand/Sa
   (c) – Instrument/Gerät (Besen, Handfeger)/pS (mit)
3. Der Kellner fegte das Tischtuch mit einem Tischbesen ab. – Er fegte den Teppich/die Bank/das Dach mit einem Besen ab.

abkehren (kehrte ab, hat abgekehrt)
= abfegen

abreiben (rieb ab, hat abgerieben)
Der Junge (a) reibt das verrostete Messer (b) mit Schmirgelpapier (c) ab.
1. ‚Tätigkeit', ‚Reinigung durch mechanische Einflußnahme', ‚mit der Hand'
2. a – Täter/Mensch/Sn
   b – Objekt/Gegenstand, Körperteil/Sa
   (c) – Instrument/Gegenstand (Tuch, Papier u. ä.)/pS (mit)
Anm.: Bei Sa = Körperteil liegt häufig reflexiver Gebrauch vor:
      Er reibt *sich* die Hände mit einem Tuch ab.
3. Der Fensterputzer reibt die Scheiben mit einem Fensterleder ab. – Er reibt den Messingteller/die Tischplatte/den Apfel/die Stiefel mit einem weichen Lappen ab.

absaugen (saugte ab, hat abgesaugt)
Die Tochter (a) saugt den Teppich (b) mit dem Staubsauger ab.
1. ‚Tätigkeit', ‚Reinigung durch ein Gerät mit saugender Wirkung'
2. a – Täter/Mensch/Sn
   b – Objekt/Gegenstand (Teppich, Polster), Fläche/Sa
   (c) – Instrument/Gerät (Staubsauger)/pS (mit)
3. Der Sohn saugt die Polstermöbel mit dem Staubsauger ab. – Er saugt den Sessel/die Liege/das Zimmer/den Bahnhofsvorplatz ab.

abschminken (schminkte ab, hat abgeschminkt)
Der Schauspieler (a) hat sich (b) nach der Vorstellung schnell abgeschminkt.
1. ‚Tätigkeit', ‚Entfernen des zuvor Aufgetragenen', ‚mit Hilfe von Kosmetika', ‚mit der Hand und Arbeitsmitteln (Watte, Tuch)'
2. a – Täter/Mensch/Sn
   b – Objekt/Mensch, Körperteil (Gesicht)/Sa (meist Reflexivpronomen)
3. Vor dem Schlafengehen schminkt sich die junge Frau ab. – Sie schminkt sich/das Gesicht ab.

abseifen (seifte ab, hat abgeseift)

Die Mutter (a) seift die Kacheln (b) im Bad ab.

1. ‚Tätigkeit', ‚Reinigung durch Seife/Waschmittel und Wasser', ‚mit der Hand und einem Lappen/Tuch'
2. a – Täter/Mensch/Sn
   b – Objekt/Gegenstand, Mensch/Sa
3. Der Ehemann seift die Türen im Korridor ab. – Er seift das verschmutzte Kind/die Gartenstühle/den Balkon ab.

abspülen (spülte ab, hat abgespült)

Die Gastgeberin (a) spült das Obst (b) unter der Wasserleitung (c) sorgfältig ab, bevor sie es auf den Tisch bringt.

1. ‚Tätigkeit', ‚Reinigung durch Wasser', ‚fließendes Wasser oder Bewegen des Gegenstandes', ‚Reinigung durch Wasserdruck oder durch Reiben mit der Hand bzw. mit einem Gerät'
2. a – Täter/Mensch/Sn
   b – Objekt/Gegenstand, Körperteil/Sa
   (c) – Instrument/Reinigungsmittel (Wasser)/pS (in, unter, mit)
   Anm.: Wenn Sa = Körperteil, dann meist reflexiver Gebrauch:
   Er spült *sich* die Hände/das Gesicht ab.
3. Die Kinder spülten ihre Teller selbst ab. – Er spült das Geschirr/die Bestecke/die Äpfel/die Gummistiefel ab.

sich abtreten (trat sich ab, hat sich abgetreten)

Die Gäste (a) traten sich die Füße (b) ab, bevor sie in das Haus gingen.

1. ‚Tätigkeit', ‚Reinigung durch reibende oder klopfende Bewegung', ‚mit den Füßen'
2. a – Täter/Mensch/Sn
   b – Objekt/Gegenstand (Fußbekleidung), Körperteil (Fuß)/Sa
3. Das Kind/der Freund/der Besuch tritt sich die Schuhe ab. – Er tritt sich die Stiefel/Füße ab.

Anmerkung:
Gelegentlich wird Sa als Material (Schnee, Schlamm, Schmutz, Staub usw.) realisiert, dann wird das Objekt als pS = von den Füßen/Schuhen angeschlossen.

abtrocknen (trocknete ab, hat abgetrocknet)

Die Tochter (a) trocknet die Weingläser (b) mit einem weißen Tuch (c) ab.

1. ‚Tätigkeit', ‚Reinigung durch leichtes Reiben', ‚von Feuchtigkeit'
2. a – Täter/Mensch/Sn
   b – Objekt/Gegenstand, Mensch, Körperteil/Sa, Reflexivpronomen
   Anm.: Wenn ein Dativ erscheint, handelt es sich um einen freien Dativ:
   Das Mädchen trocknet *der Schwester* die Füße ab.

3. Der Vater trocknet das Geschirr ab. – Er trocknet das Kind/den Kranken/die Teller ab. Er trocknet sich das Gesicht/die Hände ab.
Anm.: Wenn Sa sprachlich nicht realisiert wird, dann ist immer „das Geschirr" zu ergänzen:
Norbert hat (das Geschirr) abgetrocknet.

abwaschen (wusch ab, hat abgewaschen)

Die Großmutter (a) wäscht nach dem Essen das Geschirr (b) ab.

1. ‚Tätigkeit', ‚Reinigung durch Wasser (und Waschmittel)', ‚mit der Hand'
2. a – Täter/Mensch/Sn
   b – Objekt/Gegenstand/Sa
3. Der Sohn wäscht das Kaffeeservice ab. – Er wäscht die Teller/die Stiefel/den Apfel ab.
Anm.: Wenn Sa sprachlich nicht realisiert wird, dann ist immer „das Geschirr" zu ergänzen:
Karin hat heute (das Geschirr) abgewaschen.

abwischen (wischte ab, hat abgewischt)

Der Schüler (a) wischt die Tafel (b) mit einem viel zu feuchten Schwamm (c) ab.

1. ‚Tätigkeit', ‚Reinigung durch Reiben', ‚mit der Hand'
2. a – Täter/Mensch/Sn
   b – Objekt/Gegenstand/Sa
   (c) – Instrument/Arbeitsmittel (Tuch, Lappen, Schwamm)/pS (mit)
3. Andrea wischt den Tisch mit einem Lappen ab. – Er wischt den Schrank/die Scheibe/das Glas/die Türklinke ab.

Anmerkung:
Bei reflexivem Gebrauch ist Sa meist = Körperteil:
Er wischt *sich* den Mund/die Stirn/die Hände ab.

aufwaschen (wusch auf, hat aufgewaschen)
=abwaschen

ausbürsten (bürstete aus, hat ausgebürstet)

Die Frau (a) bürstet den verstaubten Mantel (b) aus.

1. ‚Tätigkeit', ‚Reinigung durch ein Arbeitsgerät (Bürste)', ‚intensiv', ‚vollständig'
2. a – Täter/Mensch/Sn
   b – Objekt/Gegenstand (Textilien, Polster)/Sa
3. Das Zimmermädchen bürstet die Decken aus. – Sie bürstet den Anzug/die Kissen/den Sessel aus.

ausfegen (fegte aus, hat ausgefegt)

Die Reinigungskraft (a) fegt das Zimmer (b) mit einem Besen (c) aus.

1. ‚Tätigkeit', ‚Reinigung mit einem Arbeitsgerät', ‚vollständig'
2. a – Täter/Mensch/Sn
   b – Objekt/Raum/Sa
   (c) – Instrument/Arbeitsgerät (Besen)/pS (mit)
3. Das Mädchen fegt die Stube aus. – Er fegt den Bungalow/die Werkstatt aus.

auskehren (kehrte aus, hat ausgekehrt)
= ausfegen

ausklopfen (klopfte aus, hat ausgeklopft)

Der Sohn (a) klopft den Teppich (b) mit dem Teppichklopfer (c) aus.

1. ‚Tätigkeit', ‚Reinigung durch (leichtes) Schlagen', ‚mit einem Arbeitsgerät', ‚intensiv', ‚vollständig'
2. a – Täter/Mensch/Sn
   b – Objekt/Gegenstand (Textilien, Polster, Pelz)/Sa
   (c) – Instrument/Arbeitsgerät (Klopfer), Körperteil (Hand)/pS (mit)
3. Der Urlauber klopft die Jacke mit der Hand aus. – Er klopft den Mantel/den Läufer/den Pelz aus. Er klopft seine Pfeife aus.

ausputzen (putzte aus, hat ausgeputzt) /landschaftlich/

Der Arbeiter (a) putzt den Ofen (b) mit dem Staubsauger (c) aus.

1. ‚Tätigkeit', ‚Reinigung mit einem Arbeitsgerät', ‚Entfernen der Ablagerung'
2. a – Täter/Mensch/Sn
   b – Objekt/Gegenstand (mit Hohlraum)/Sa
   (c) – Instrument/Arbeitsgerät (Besen, Staubsauger)/pS (mit)
3. Der Vater putzt den Kachelofen aus. – Er putzt den Kohleherd/das Rohr aus.

ausspülen (spülte aus, hat ausgespült)

Das Mädchen (a) spült ihre Tasse (b) unter der Wasserleitung (c) aus.

1. ‚Tätigkeit', ‚Reinigung durch Wasser', ‚mit der Hand'
2. a – Täter/Mensch/Sn
   b – Objekt/Gegenstand (Gefäß für Flüssigkeit)/Sa
   (c) – Instrument/Reinigungsmittel (Wasser)/pS (in, unter, mit)
3. Der Schüler spült die leere Milchflasche mit Wasser kräftig aus. – Er spült den Becher/die Kanne/das Faß aus.

Anmerkung:
Bei reflexivem Gebrauch ist Sa häufig = Körperteil:
Er spült *sich* den Mund mit Wasser aus.

baden (badete, hat gebadet)

Die junge Mutter (a) badet den Säugling (b) jeden Tag.
1. ‚Tätigkeit', ‚Reinigung durch Wasser (und Seife)', ‚Eintauchen des Körpers in Wasser'
2. a – Täter/Mensch/Sn
   b – Objekt/Lebewesen (Mensch, Säugetier), Körperteil/Sa, Reflexivpronomen
3. Die Krankenschwester badet die alte Frau. – Er badet das Kind/den kleinen Hund/die Füße/sich.

duschen (duschte, hat geduscht)

Die Mutter (a) duscht das Kind (b) jeden Abend.
1. ‚Tätigkeit', ‚Reinigung durch fließendes Wasser aus der Leitung', ‚mögliche Verwendung von Seife oder einem ähnlichen Waschmittel'
2. a – Täter/Mensch/Sa
   b – Objekt/Mensch/Sa, Reflexivpronomen
3. Der Vater duscht den Jungen. – Er duscht sich.

entgräten (entgrätete, hat entgrätet)

Der Oberkellner (a) entgrätet die Forelle (b) mit einem Fischbesteck (c).
1. ‚Tätigkeit', ‚Entfernen des Ungenießbaren (Gräten)'
2. a – Täter/Mensch/Sn
   b – Objekt/Lebewesen (Fisch)/Sa
   (c) – Instrument/Arbeitsgerät (Fischbesteck)/pS (mit)
   Anm.: Wenn ein Dativ erscheint, handelt es sich um einen freien Dativ:
   Der Kellner entgrätet *dem Gast* die Forelle.
3. Der Vater entgrätet den Karpfen/den Zander.

entkalken (entkalkte, hat entkalkt)

Die Frau (a) entkalkt die Waschmaschine (b) mit Entkalker (c).
1. ‚Tätigkeit', ‚Entfernen der Ablagerung (Kalk)', ‚Reinigung durch chemische Mittel (Entkalker)'
2. a – Täter/Mensch/Sn
   b – Objekt/Gegenstand (durch den Wasser fließt)/Sa
   (c) – Instrument/Reinigungsmittel (Entkalker)/pS (mit)
3. Der Arbeiter entkalkt die Rohre. – Er entkalkt die Kaffeemaschine/den Einsatz des Wasserdurchlauferhitzers.

entschlacken (entschlackte, hat entschlackt)

Der Blutreinigungstee (a) entschlackt den Körper (b).
1. ‚Vorgang', ‚Entfernung der Ablagerung (nicht nutzbare Stoffwechselprodukte) aus dem menschlichen Körper'

2. a – Vorgangsträger / Getränk (Tee) / Sn
   b – Objekt / menschlicher Körper / Sa
3. Der Tee / die Mixtur entschlackt den Körper / den Organismus / das Blut.

fegen (fegte, hat gefegt)

Der Junge (a) fegt den Hof (b) mit dem Besen (c).
1. ‚Tätigkeit', ‚Reinigung mit einem Arbeitsgerät bzw. einer Maschine'
2. a – Täter / Mensch, Kehrmaschine / Sn
   b – Objekt / Fläche (gelegentlich Raum für Fläche) / Sa
   (c) – Instrument / Arbeitsgerät (Besen) / pS (mit)
3. Die Rentnerin fegt die Treppe mit dem Besen. – Er fegt den Boden / die Straße / den Schornstein.

harken (harkte, hat geharkt)

Der Gärtner (a) harkt den Gartenweg (b).
1. ‚Tätigkeit', ‚Reinigung mit einem Arbeitsgerät (Harke)', ‚mit der Hand'
2. a – Täter / Mensch / Sn
   b – Objekt / Fläche (Gartenweg) / Sa
3. Der Hausbesitzer harkt den Weg / die Einfahrt.

jäten (jätete, hat gejätet)

Der Kleingärtner (a) jätet das Blumenbeet (b).
1. ‚Tätigkeit', ‚Entfernen des Unkrauts', ‚mit der Hand bzw. einem Arbeitsgerät'
2. a – Täter / Mensch / Sn
   b – Objekt / Fläche (Gartenfläche) / Sa
3. Der Hobbygärtner jätet das Frühbeet / die Blumenrabatte.

kehren (kehrte, hat gekehrt)
= fegen

klopfen (klopfte, hat geklopft)

Der Vater (a) klopft den Teppich (b) mit dem Teppichklopfer (c).
1. ‚Tätigkeit', ‚Reinigung durch (leichtes) Schlagen', ‚mit der Hand bzw. mit einem Arbeitsgerät'
2. a – Täter / Mensch / Sn
   b – Objekt / Gegenstand (aus weichem Material) / Sa
   (c) – Instrument / Körperteil (Hand), Arbeitsgerät / pS (mit)
3. Die Frau klopft das Kissen mit der Hand. – Er klopft den Bettvorleger / die Decke / die Matratzen.

putzen (putzte, hat geputzt)

Der Sohn (a) putzt die Schuhe (b) mit einer weichen Bürste (c).
1. ‚Tätigkeit', ‚Entfernen von Schmutz durch Reiben', ‚mit der Hand und einem Arbeitsgerät', ‚Glanz erzeugen'
2. a – Täter/Mensch, Tier/Sn
   b – Objekt/Gegenstand, Tier (Pferd, Kuh), Körperteil/Sa
   (c) – Instrument/Arbeitsgerät (Bürste, Lappen)/pS (mit)
3. Der Fensterputzer putzt die Fenster mit einem Lederlappen. – Er putzt den Spiegel/das Auto/die Messer/die Gläser. Er putzt die Pferde. Er putzt (sich) die Zähne.

Anmerkung:
Wenn Sn = Tier, dann Reflexivpronomen obligatorisch und Sa fakultativ:
Der Vogel putzt *sich* (sein Gefieder).
Wenn Sa = Nase, dann *putzen* = *sich schneuzen* („Nasenschleim entfernen'):
Der Junge putzt (sich) *die Nase.*

reinigen (reinigte, hat gereinigt)

Der Dienstleistungsbetrieb (a) reinigt jährlich 5 000 Boiler (b) mit Chemikalien (c) von den Kalkablagerungen (d).
1. ‚Tätigkeit', ‚Entfernen von Schmutz und anderen Schadstoffen', ‚mit Hilfe von Gerätschaften oder Reinigungsmitteln'
2. a – Täter/Mensch (Kollektiv, Institution)/Sn
   b – Objekt/Gegenstand, Raum/Sa
   (c) – Instrument/Arbeitsgerät, Reinigungsmittel/pS (mit)
   (d) – Betroffenes/Gegenstand (Schmutz, Schadstoff)/pS (von)
3. Die Brigade reinigt die Korridore der Hochschule mit Großgeräten. – Er reinigt den Schrank/das Bad/die Maschine. Die Fabrik reinigt die Abwässer.

Anmerkung:
Wenn Sn = Gewitter oder Tee, dann liegt keine Tätigkeit vor, sondern ein Vorgang:
Das Gewitter hat die Luft gereinigt. *Der Tee* reinigt das Blut.

säubern (säuberte, hat gesäubert)

Der Rentner (a) säubert seine Brille (b) sorgfältig mit einem Tuch (c) vom Straßenstaub (d).
1. ‚Tätigkeit', ‚Entfernen von Schmutz und anderen Schadstoffen', ‚mit Hilfe von Gerätschaften'
2. a – Täter/Mensch (Kollektiv)/Sn
   b – Objekt/Gegenstand, Raum/Sa
   (c) – Instrument/Arbeitsgerät/pS (mit)
   (d) – Betroffenes/Gegenstand (Schmutz, Schadstoff)/pS (von)

3. Das Mädchen säubert ihren Mantel mit einer Bürste. – Er säubert das Geschirr/die Lampe/den Fußboden/das Zimmer.

spülen (spülte, hat gespült)

Die Küchenhilfe (a) spült das Geschirr (b) in handwarmem Wasser (c).
1. ‚Tätigkeit', ‚Reinigung durch Bewegen des Gegenstandes im Wasser'
2. a – Täter/Mensch, Maschine/Sn
   b – Objekt/Gegenstand (wasserfest)/Sa
   (c) – Instrument/Reinigungsmittel (Wasser)/pS (in, mit)
3. Der Wirt spült die Gläser. Der Automat spült die Teller. – Er spült die Wäsche/das Freizeithemd.

Anmerkung:
Bei reflexivem Gebrauch ist Sa = Körperteil:
Er spült *sich* den Mund.

waschen (wusch, hat gewaschen)

Die Mutter (a) wäscht die Pullis (b) mit der Hand (c).
1. ‚Tätigkeit', ‚Reinigung durch reibende Bewegung', ‚in Wasser (unter Verwendung von Waschmitteln)'
2. a – Täter/Mensch, Maschine/Sn
   (b) – Objekt/Lebewesen, Körperteil, Gegenstand/Sa
   (c) – Instrument/Körperteil (Hand), Arbeitsgerät/pS (mit)
3. Der Reisende wäscht seine Oberhemden mit der Hand. Die Waschmaschine wäscht die Handtücher. – Er wäscht das Kind/den kleinen Hund/das Auto/ihr die Füße.

Anmerkung:
Bei einwertigem Gebrauch hat *waschen* immer die Bedeutung ‚Textilien waschen':
Die Mutter wäscht.
Sa = Körperteil ist gebunden an reflexiven Gebrauch bzw. an freien Dativ:
Er wäscht *sich* die Hände/*ihr* den Rücken.

*wischen*₁ (wischte, hat gewischt)

Das Mädchen (a) wischt die Treppe (b) mit dem Scheuerlappen (c).
1. ‚Tätigkeit', ‚Reinigung durch Reiben', ‚durch Wasser', ‚mit einem Arbeitsmittel (Lappen)'
2. a – Täter/Mensch/Sn
   (b) – Objekt/Fläche (meist Raumbezeichnung)/Sa
   (c) – Instrument/Arbeitsmittel (Lappen, Tuch)/pS (mit)
3. Die Reinigungskraft wischt das Klassenzimmer mit dem Scheuertuch. – Er wischt den Korridor/den Flur/die Stufen.

*wischen*₂ (wischte, hat gewischt)
Der Maurer (a) wischt den Schweiß (b) von der Stirn (c).
1. ‚Tätigkeit', ‚Entfernen der Ablagerung'
2. a – Täter/Mensch/Sn
   b – Betroffenes/Gegenstand (Ablagerung)/Sa
   c – Objekt/Körperteil, Gegenstand/pS (lokale Präposition)
3. Die Mutter wischt dem Kind die Tränen aus den Augen. – Er wischt den Staub aus den Augen/in das Taschentuch/von den Händen.

Anmerkung:
Bei pS = Körperteil meist reflexiver Gebrauch:
Er wischt *sich* die Schokolade vom Mund.
Wenn ein Dativ erscheint, handelt es sich um einen freien Dativ:
Die Schwester wischt *dem Kranken* die Schweißperlen von der Stirn.

Übungen

1. *baden – fegen – harken – spülen – waschen – wischen*
   Welches Verb wählen Sie?

   1) Die junge Mutter ... den Säugling jeden Tag.
   2) Der Junge ... den völlig verschmutzten Hund in der Wanne.
   3) Die Dorfbewohner ... jeden Sonnabend die Straße.
   4) Am Abend ... das Mädchen ihren weißen Pulli.
   5) Der Fahrer ... den Dienstwagen.
   6) Die Männer vom Dienstleistungskombinat ... die Korridore und Klassenzimmer in der Schule.
   7) Der Kleingärtner ... die mit Kies bestreuten Gartenwege.
   8) Die Küchenhilfe ... das Geschirr.
   9) Nach dem Waschvorgang ... der Waschautomat die Wäsche.
   10) Sonnabends ... die Tochter die Treppe.

2. *abfegen – absaugen – ausbürsten – ausfegen*
   Welches Verb wählen Sie?

   1) Das Mädchen hat das Zimmer mit dem Besen ...
   2) Sonnabends soll der Sohn die Sessel mit dem Staubsauger ...
   3) Die Mutter hat den verstaubten Mantel ihres Sohnes ...
   4) Der Kellner hat das Tischtuch mit dem Tischbesen ...
   5) Der Tischler hat die Hobelbank ...
   6) Der Reisende mußte seinen Anzug ..., da er auf der Fahrt völlig eingestaubt war.
   7) Da die Kinder viel Sand mit ins Zimmer gebracht hatten, mußte die Mutter es am Abend ...
   8) Beim Großreinemachen ... der Mann die Polstermöbel ...

3. *abschminken – abtrocknen – abwischen – entgräten – entkalken*
   Welches Verb wählen Sie?
   1) Nach der Vorstellung hat sich der Schauspieler schnell ...
   2) Nach dem Essen hat der Sohn das Geschirr gespült und ...
   3) Der Gast ließ sich den Karpfen vom Kellner ...
   4) Der Schüler hat die Tafel mit einem feuchten Lappen ...
   5) Vor dem Schlafengehen hat sich die junge Frau ...
   6) Da das Wasser sehr hart ist, muß die Hausfrau die Waschmaschine häufig ...
   7) Bevor sie sich auf die Parkbank setzte, hat sie die Sitzfläche mit einem Tuch ...
   8) Der Hausmeister läßt den Einsatz des Wasserdurchlauferhitzers in der Werkstatt ...
   9) Die junge Mutter hat das gebadete Baby vorsichtig ...
   10) Der Monteur hat sich die ölverschmierten Hände an einem Lappen ...

4. Ersetzen Sie das Verb *reinigen* durch ein passenderes Verb des Wortfeldes!
   1) Der Junge reinigt das verrostete Messer mit Sandpapier.
   2) Die Frau reinigt die Polstermöbel mit dem Staubsauger.
   3) Der Kraftfahrer reinigt regelmäßig sein Auto.
   4) Die Gäste reinigten sich die Schuhe auf der Fußmatte, bevor sie die Wohnung betraten.
   5) Die Schüler reinigen ihre leeren Milchflaschen.
   6) Die Mutter reinigt die Weintrauben, bevor sie sie den Kindern gibt.
   7) Der Vater reinigt den Kachelofen.
   8) Der Blutreinigungstee reinigt den Körper.
   9) Der Schornsteinfeger reinigt den Schornstein.
   10) Der Gast reinigt sich die Lippen mit der Serviette.

5. Welche der folgenden Verben bezeichnen die Reinigung
   a) unter Verwendung von Wasser
   b) unter Verwendung eines Arbeitsgerätes?

   abbürsten – abkehren – absaugen – ausfegen – baden – duschen – fegen – spülen – waschen

6. Welche der folgenden Verben bezeichnen
   a) das Entfernen des Nichtgenießbaren
   b) das Entfernen der Ablagerung
   c) das Entfernen des zuvor Zugesetzten
   d) das Hervorbringen von Glanz?

   abschminken – abwischen – ausputzen – entgräten – entkalken – entschlacken – putzen

7. Welche der folgenden Verben bezeichnen auch
   a) den Gegenstand, mit dem gereinigt wird,
   b) den Gegenstand, der entfernt wird?

abbürsten – abseifen – ausfegen – ausklopfen – abtreten – entgräten – entkalken – entschlacken – harken

Nennen Sie die entsprechenden Substantive!

8. Was kann man
   waschen – wischen – spülen?

9. Was kann man
   ausfegen – abbürsten – absaugen – harken?

10. Was kann man
    abtrocknen – ausputzen – entgräten – entkalken?

11. Beurteilen Sie die semantische Verträglichkeit von Verb und Aktanten in den folgenden Sätzen!
    Korrigieren Sie die semantische Unverträglichkeit!

    1) Der Gärtner bürstet das Rosenbeet ab.
    2) Die Tochter spült ihren kleinen Bruder.
    3) Der Kraftfahrer entstaubt das Auto.
    4) Die Küchenhilfe duscht das schmutzige Geschirr.
    5) Der Vater spült den Kachelofen aus.
    6) Der Sohn kehrt der Mutter die schmutzigen Schuhe.

12. Beurteilen Sie die semantische Verträglichkeit von Verb und Aktanten in den folgenden Sätzen!
    Korrigieren Sie die semantische Unverträglichkeit!

    1) Die Tochter saugt die Teller ab.
    2) Der Autofahrer wäscht den Teppich.
    3) Der Fensterputzer reibt das Zimmer ab.
    4) Die Gäste treten sich den Mantel auf der Fußmatte ab.
    5) Das Mädchen bürstet den Messingteller aus.
    6) Der Kellner entgrätet das Kaninchen.
    7) Der Blutreinigungstee entschlackt den Magen.
    8) Der Gärtner jätet den Plattenweg.

Lösungen zu den Übungen

Verben des Geschehens

Ü 1. 1) ereignete sich, geschah, 2) spielt sich ... ab, 3) geschehen, passiert, 4) geschehen, passieren, 5) zugestoßen, passiert, 6) zugestoßen, passiert, 7) geschah, 8) passiert, 9) geschehen, 10) geschah

Ü 2. 1) erfolgt, 2) vollzieht sich, geht ... vonstatten, 3) findet ... statt, 4) kommen ... vor, 5) vollziehen sich, 6) erfolgt, vor sich geht, 7) erfolgte, fand ... statt, 8) erfolgt, vollzieht sich, 9) kommt ... vor, 10) vollzieht sich

Ü 3. 1) zugeht, 2) widerfährt, 3) verläuft, läuft ... ab, 4) zugestoßen 5) verlaufen, abgelaufen, 6) zugeht, 7) abgelaufen, 8) widerfahren, 9) geht ... zu, 10) zustößt, widerfährt

Ü 4. 1) zugetragen, 2) widerfahren, 3) ist ... erfolgt, 4) (kein Ersatz möglich), 5) passiert, ereignet sich, 6) abgelaufen, vonstatten gegangen, 7) geschehen, 8) erfolgt, 9) verläuft, 10) sich ... zugetragen

Ü 5. 1) ist ... eingetreten, 2) vollzog sich, 3) erfolgte, fand ... statt, 4) sich ... abgespielt, vollzogen haben, 5) vollzieht sich, 6) vollzieht sich

Ü 6. 1) findet ... statt, erfolgt, 2) vollzieht sich, 3) hat ... stattgefunden, 4) fand ... statt, 5) hat sich ... vollzogen

Verben des Zunehmens

Ü 1. 1) angestiegen, 2) angeschwollen, 3) schwoll ... an$_2$, 4) angewachsen, 5) angewachsen, 6) angeschwollen$_1$, angestiegen, 7) angewachsen, 8) angewachsen, angeschwollen$_1$, 9) angewachsen

Ü 2. 1) vermehrt, 2) verdichtete, 3) erhöht, 4) verstärkt, erhöht, 5) verstärkt, 6) erhöht, vermehrt, 7) verstärkt, 8) verdichtet, 9) vermehrt, 10) verstärkt

Ü 3. 1) ist ... gestiegen, hat sich ... erhöht, 2) ist ... angestiegen, ist ... gestiegen, hat sich ... erhöht, 3) sich ... verdichtete, 4) sich ... vermehrt, 5)

sind ... angewachsen, 6) ist angeschwollen, ist angewachsen, hat sich erhöht, 7) hat sich ... verdichtet, 8) schwoll ... an, verstärkte sich, 9) anschwoll, sich verstärkte

Ü 4. 1) dehnte sich ... aus, 2) wuchs ... an, 3) schwoll ... an, 4) schwoll ... an, 5) wuchs ...an, 6) angestiegen, 7) verstärkt, 8) angeschwollen, gestiegen

Ü 5. 1) anzuschwellen, 2) stieg, 3) schwollen an, 4) gestiegen, 5) gestiegen, 6) zugenommen, 7) vermehrt, 8) verdichtet, 9) verdichten, 10) vermehrt

Ü 6. 1) schwoll an, 2) nahm zu, 3) verdichteten sich, 4) stieg an, 5) dehnte sich aus, 6) erhöhte sich, 7) vermehrte sich, 8) wuchsen an, 9) verstärkte sich, 10) weitete sich aus

Ü 7. 1) ist angeschwollen, 2) hat sich ausgeweitet, 3) hat sich ... ausgedehnt, 4) ist ... angestiegen, 5) hat sich erhöht, 6) hat ... zugenommen, 7) sind ... gestiegen, 8) hat sich ... verstärkt, 9) ist ... angewachsen, 10) haben sich ... verdichtet

Verben der Übereinstimmung und Verschiedenheit

Ü 1. 1) ähnelt, gleicht, 2) kongruieren, decken sich – übereinstimmen, 3) entsprechen, 4) harmoniert, 5) fällt ... zusammen, 6) paßt, 7) gleichen, 8) stimmen ... überein

Ü 2. 1) differieren, 2) hebt sich ... ab, 3) unterscheiden sich, differieren, 4) weichen ... ab, 5) differieren, 6) unterscheiden sich, 7) kontrastieren, 8) unterscheiden, 9) weicht ... ab

Ü 3. 1) kontrastiert mit, 2) differieren, 3) kontrastiert mit, 4) widerspricht, 5) deckt sich mit, ähnelt 6) widerspricht, 7) entspricht, stimmt mit ... überein, 8) decken sich, stimmen ... überein, 9) unterscheiden sich, differieren

Ü 4. 1) Die Schwestern ähneln einander / sich auffallend.
2) Meine Eltern harmonieren miteinander.
3) Vaters Leben entspricht seinen strengen Grundsätzen.
4) Seine Zukunftspläne und die seiner Eltern differieren erheblich.
5) Der junge Lehmann ähnelt seinem Vater.
6) Die Ausführung unterscheidet sich vom Entwurf unübersehbar.
7) Bürgerliche Ideale und gesellschaftliche Wirklichkeit kontrastieren erheblich.
8) Regierungsprogramm und politische Praxis des Kabinetts stimmen nicht überein.

Ü 5. 1) ähneln/gleichen einander, 2) kontrastiert mit, 3) entspricht, steht ... im Einklang

Verben des Mitteilens

Ü 1. 1) erklärt, 2) verkündet, erläutert, 3) erzählt, 4) mitteilen, 5) erklärt$_1$, 6) verkündet, 7) erläutert, 8) erklärt$_2$

Ü 2. 1) kündigt ... an, 2) meldet, 3) kündigt ... an, 4) gibt ... bekannt, 5) übermittelt, 6) schlägt ... vor, 7) melden, 8) übermittelte

Ü 3. 1) beichtete, 2) gestand, 3) hinterbrachte, verriet, 4) bestellen, 5) gestehen, 6) Bestelle, 7) beichtete, 8) verriet, 9) hinterbrachte

Ü 4. 1) über die Olympiade, 2) das Urteil, 3) sein Vergehen, 4) den Dank für ihren Einsatz

Ü 5. 1) berichtete, 2) erzählte, 3) beschrieb, 4) erläuterte, erklärte$_1$, 5) übermittelte, bestellte

Ü 6. 1) (verträglich), 2) schlug vor, 3) erläuterte, schlug vor, verkündete, 4) (verträglich), 5) bewies, erläuterte, erklärte$_2$

Ü 7. 1) beichtete, gestand, 2) beschrieb, erklärte$_1$, 3) übermittelte, bestellte, 4) erzählte, 5) meldete, 6) (verträglich), 7) verbot, 8) trug ... vor, 9) (verträglich)

Ü 8. der Vorschlag des Reiseleiters (an die Gruppe) zum Besuch des Museums – der Verrat des Geheimnisses an den Feind durch den Überläufer – der Vortrag des Gedichtes (vor den Anwesenden) durch den Schauspieler – die Verneinung der Frage der Schülerin durch die Lehrerin – die Übermittlung der Grüße an die Delegierten durch den Versammlungsleiter – die Mitteilung des Ergebnisses an die Schüler durch den Lehrer – die Meldung des Unfalls an die Polizei durch den Kraftfahrer/die Meldung des Kraftfahrers an die Polizei über den Unfall – die Information der Zuschauer durch den Regisseur über den Inhalt des Stückes

Verben des Argumentierens

Ü 1. 1) argumentiert, 2) nachweisen, 3) bewies, wies nach, 4) argumentiert, 5) widerlegte, falsifizierte, 6) wies ... nach, 7) widerlegt

Ü 2. 1) schloß, folgerte, schlußfolgerte, 2) begründet, 3) schließen, folgern, schlußfolgern, den Schluß ziehen, 4) kam zu dem Schluß, schloß, 5) begründen, 6) schloß, 7) schließt, folgerst, schlußfolgerst

Ü 3. 1) bewies, 2) folgere, 3) weise ... nach, 4) den Beweis liefern; auch: Kannst du deine Behauptungen beweisen? 5) hat den Schluß gezogen, 6) entkräftet, falsifiziert, 7) schloß ... auf, er kam zu dem Schluß, daß Nachtfröste bevorstehen.

Ü 4. 1) wies ... nach, 2) wies ... nach, 3) bewies, lieferte ... den Nachweis seiner Unschuld, 4) wies ... nach, bewies, 5) widerlegte, 6) folgerte, schloß ... auf, 7) (korrekt), 8) wies die Schuld ... nach, führte den Nachweis der Schuld

Verben der Zustimmung

Ü 1. 1) genehmigt, 2) beglaubigt, 3) genehmigt, 4) bescheinigt, 5) beglaubigen, 6) bescheinigt / beglaubigt, 7) genehmigt

Ü 2. 1) akzeptiert, 2) zugestimmt, 3) akzeptiert, 4) billigt, 5) zugestimmt, 6) billigen, 7) zugestimmt

Ü 3. 1) sanktionieren, akzeptieren, 2) akzeptierten, 3) akzeptierte, 4) ratifizierte, 5) akzeptierten, 6) sanktionierte, 7) ratifizierte

Ü 4. 1) begrüßen, 2) angenommen, 3) begrüßt, 4) bestätigt, 5) bestätigt, 6) bezeugen, 7) angenommen, 8) bezeugen

Ü 5. 1) angenommen, 2) bejaht, 3) bestätigt, 4) genehmigt, 5) begrüßte, 6) gebilligt

Ü 6. 1) stimmt dem Vorschlag ... zu, 2) haben dem Beschluß beigepflichtet, 3) nahm die Entschließung an, 4) war mit den Darlegungen ... einverstanden, 5) bekannte sich zu der Lehre

Ü 7. genehmigen – ratifizieren – bescheinigen – beglaubigen

Ü 8. 1) die Dissertation angenommen, 2) den Vorschlag ... begrüßt, 3) die Bedingungen ... akzeptiert, 4) bejaht ... die neue Erkenntnis, 5) den Entschluß ... gebilligt, 6) das Vorhaben ... gutgeheißen, 7) ratifiziert den Friedensvertrag

Ü 9. 1) beglaubigte die Echtheit, 2) bescheinigte den Empfang, 3) bestätigte die Diagnose, 4) die Unschuld ... bezeugen, 5) genehmigte den Sonderurlaub

Verben des Leitens

Ü 1. 1) verwaltet, 2) herrschte, gebot, 3) regiert, 4) gebot, 5) verwaltet, 6) herrschte, gebot$_1$, 7) geleitet, 8) regieren, 9) herrschte, gebot$_1$

Ü 2. 1) reguliert, 2) kommandiert, befehligt, 3) dirigiert, 4) reguliert, 5) regelt, 6) regelt, 7) befehligt, kommandiert, 8) dirigierte, 9) kommandiert, befehligt, 10) dirigiert

Ü 3. 1) zeigt, 2) zeigt, 3) angewiesen, angeleitet, 4) gebot$_2$, 5) angewiesen, 6) zeigt, 7) angeleitet

Ü 4. 1) gebot, 2) beauftragt, 3) beauftragte, 4) bevormunden, lenken, 5) dirigiert, 6) gebot, 7) gelenkt, 8) bevormunden, 9) beauftragt, 10) dirigiert

Ü 5. 1) befehligt, führt$_2$, kommandiert, 2) gängelt, 3) dirigierte, 4) lenken, 5) regelt, 6) verwaltet, 7) angeleitet, angewiesen

Ü 6. a) anleiten, anweisen$_1$, zeigen
b) anweisen$_2$, befehligen, gebieten, herrschen, kommandieren
c) dirigieren, lenken, regeln, regulieren, verwalten

Ü 7. a) anleiten, beauftragen, zeigen
b) bevormunden, gängeln
c) gebieten

Ü 8. dirigieren: einen Chor, eine Kapelle, ein Orchester, eine Sinfonie, ein Konzert ...
verwalten: ein Grundstück, ein Haus, die Kasse, die Einkünfte ...
regeln: den Verkehr, die Unterbringung, die Bezahlung, das Geschehen ...
regulieren: den Druck, die Heizungsanlage, die Geschwindigkeit, die Temperatur ...

Ü 9. anweisen: die Kontrolle der Ausweise, die Überreichung des Dokuments ...
befehligen: den Flottenverband, die Flugzeugstaffel, die Kompanie ...
zeigen: den Trick, den Lösungsweg, das richtige Verhalten ...

Ü 10. 1) Der Dirigent ..., 2) Der Major ..., 3) Die Kollegin der Wohnungsverwaltung ..., 4) Der Lehrausbilder ..., 5) (korrekt), 6) Der Dozent ..., 7) Das Volk ..., 8) (korrekt)

Ü 11. 1) leitet, führt, 2) angeleitet, 3) dirigiert, leitet, 4) führt$_2$, kommandiert, befehligt, 5) verwaltet, 6) bevormundet, 7) angeleitet, angewiesen$_1$

Ü 12. Nur Satz 8 mit *gebieten* ist möglich.

Verben des Zusammenkommens

Ü 1. 1) traf sich, 2) sammelten sich, 3) rotteten sich zusammen, 4) traf sich, 5) scharten sich, 6) sammelten sich, 7) fanden sich ... ein, 8) scharten sich, 9) fanden sich ... ein

Ü 2. 1) getroffen 2) zusammengetreten, 3) begegnet, 4) getroffen, 5) zusammengelaufen, 6) ist begegnet, hat getroffen 7) zusammengetreten

Ü 3. 1) trifft sich, 2) versammelt sich, trifft sich, 3) sich ... zusammengefunden, sich ... getroffen, 4) sich ... zusammengeschart, 5) sich ... eingestellt, 6) versammeln sich, treffen sich, 7) sich ... zusammengefunden, 8) sich ... zusammengeschart, 9) stellte sich ... ein

Ü 4. 1) zusammengekommen, 2) zusammengetreten, 3) zusammengeströmt, 4) zusammengekommen, 5) zusammengetroffen, 6) zusammengetreten, 7) zusammengetroffen

Ü 5. 1) zusammengetreten, 2) zusammengeströmt, zusammengelaufen, 3) fanden sich ... ein, 4) sammeln sich, treffen sich, 5) scharten sich, 6) versammelten sich, 7) traf sich

Ü 6. 1) tritt ... zusammen, 2) zusammengekommen, zusammengetroffen, 3) zusammengekommen, 4) trafen sich, fanden sich ... zusammen, 5) sich ... zusammengerottet, 6) fanden sich ... ein, 7) sammelten sich, versammelte ... sich, 8) scharten sich, 9) versammelte sich

Ü 7. 1) traf sich/hat sich ... getroffen, 2) versammelten sich/haben sich ... versammelt, 3) liefen ... zusammen / sind ... zusammengelaufen, 4) traf / hat ... getroffen, 5) trat ... zusammen / ist ... zusammengetreten, 6) scharten sich / haben sich ... geschart, 7) fanden sich ... ein / haben sich ... eingefunden

Verben der sinnlichen Wahrnehmung

Ü 1. 1) sieht, 2) betrachtet, 3) beobachtet, 4) gewahrte, 5) sehen, gucken, 6) sehe – siehst, 7) beobachtet, 8) gewahrt

Ü 2. 1) entdeckt, 2) betrachten, 3) bemerkt, 4) blickt, 5) erblickte, 6) betrachtet

Ü 3. 1) hören, 2) lauschen, 3) belauschen, 4) hört, 5) horcht, 6) gehört, 7) horcht, lauscht

Ü 4. 1) verstehen, 2) hören, vernehmen, 3) hört; versteht, 4) wahrgenommen, 5) hören, 6) vernahmen, hörten, 7) verstehst, 8) vernehmen, hören, 9) wahrgenommen

Ü 5. 1) horchte ... auf, 2) erlauschte, 3) hört, 4) horchte auf, 5) lauscht, 6) hören

Ü 6. 1) entdeckte, 2) sahen dem Lehrer ... zu, 3) (verträglich), 4) betrachtet, beschaut, 5) (verträglich), 6) bemerkt, entdeckt, 7) blickt

Ü 7. 1) (verträglich), 2) verstanden, 3) hört, vernimmt, 4) (verträglich), 5) hörte, vernahm, 6) vernahm, 7) (verträglich), 8) (verträglich)

Ü 8. 1) (verträglich), 2) (verträglich), 3) beobachtete, 4) (verträglich), 5) (verträglich), 6) (verträglich)

Ü 9. 1) witterte, 2) erblickte, gewahrte, 3) vernahm, 4) spürte, verspürte, 5) sichtete, entdeckte, 6) bemerkte, gewahrte, 7) schmeckte, 8) empfindet, spürt, fühlt

Ü 10. a) aufhorchen, erlauschen
b) bemerken, gewahr werden, ansichtig werden, erblicken, entdecken
c) empfinden, fühlen, spüren

Ü 11. sichten: eine Insel, ein Boot, ein Schiff, ein Flugzeug ...
belauschen: einen Singvogel, tierische (und menschliche) Laute
erlauschen: ein Gespräch, Worte, ein Geheimnis ...
schmecken: Butter, Fett, Öl, Knoblauch, Salz ...

Ü 12. anschauen: ein Bild, ein Foto, eine Briefmarkensammlung ...
betrachten: Gemälde, ein Aquarell, Schaufensterauslagen ...
spüren: Kälte, Hitze, Schmerzen, den Rücken, einen Stich ...
verstehen: einen Gesprächspartner, artikulierte Äußerungen

Ü 13. (Höhere) Tiere können Lebewesen, Gegenstände oder sinnliche Reize wahrnehmen, gewahren, sehen, hören, vernehmen, riechen, wittern, fühlen, spüren.

Ü 14. ein Blick aus dem Fenster/auf die Straße, die Beobachtung spielender Kinder, die Betrachtung des Sonnenuntergangs, die Entdeckung eines Hirschkäfers, die Empfindung der Kälte, der Geruch von Mandeln, der Geschmack von Essig, das Gefühl eines Insektenstichs, die Wahrnehmung eines Geräuschs

Verben der Nahrungsaufnahme

Ü 1. 1) gesoffen, evt. getrunken, ausgetrunken, 2) verzehrt, gegessen, 3) gegessen, verspeist, aufgegessen, 4) trinken ... aus, 5) speisen, essen, 6) trinken, 7) aufgegessen

Ü 2. 1) kaut, knabbert, 2) saugt, lutscht, 3) knabbert, 4) schlürft, 5) löffelt, 6) fressen, 7) lutschen

Ü 3. 1) kostet, evt. verkostet, 2) schmeckt ... ab, 3) essen, 4) essen, 5) mästet, 6) füttert, 7) verpflegen sich

Ü 4. 1) ißt ... auf, 2) lutscht, 3) löffelt, 4) frühstückt, 5) knabbert, 6) verspeist, verzehrt

Ü 5. Nicht verträglich:
1) knabbern – Leberwurst, Knochen
2) fressen – Wasser, Fleisch
4) knabbern – Kartoffeln, Erdbeertorte
5) kauen – Hühnerbrühe

Ü 6. 1) Wasser, ..., 2) Likör, ..., 3) Suppe, ..., 4) Milch, ..., 5) Wein, ..., 6) die Soße, ...

Ü 7. knabbern: Salzstangen, Nüsse, Möhren ...
löffeln: Suppe, Eintopf, Brühe, Kompott ...
lutschen: Bonbon, Drops, Pfefferminz ...
trinken: Flüssigkeiten
abschmecken: eine Suppe, eine Soße, einen Salat ...

Ü 8. a) frühstücken
b) löffeln
c) mästen, füttern
d) kosten, abschmecken, verkosten
e) aufessen, austrinken, verzehren, verspeisen
f) schlürfen, fressen

Verben des Produzierens

Ü 1. 1) fertigt ... an, baut, 2) baut, montiert, 3) zusammengebaut, montiert, 4) geschmolzen, 5) zusammengebaut, montiert, 6) fertigt ... an, 7) montiert, gebaut, 8) baut ... zusammen

127

Ü 2. 1) schneidert, näht, 2) strickt, 3) strickt, 4) näht, 5) schneidert, näht, 6) häkelt, 7) strickt, 8) näht

Ü 3. 1) schnitzt, 2) mauert, baut, 3) hobelt, baut, 4) baut, erbaut, 5) gießt, 6) sägt, 7) erbaut, 8) gegossen

Ü 4. 1) fertigt ... an, 2) mauern, 3) montiert, 4) stellt ... her, produziert, 5) schnitzt, fertigt ... an, 6) schmiedet, 7) montiert, 8) stellt ... her, produziert

Ü 5. 1) dreht, 2) baut, 3) mauert, 4) dreht, 5) gießt, 6) strickt, 7) häkelt, 8) hobelt

Ü 6. 1) montieren – Nadeln, 2) anfertigen – Hochhaus, 3) (verträglich), 4) anfertigen – Fahrrad (durch einen Jungen nicht möglich), 5) hobeln – Fenster, 6) (verträglich), 7) häkeln – Schürze, 8) (verträglich)

Ü 7. Wollhandschuhe – stricken, anfertigen, herstellen
Fernseher – bauen, zusammenbauen, montieren, herstellen
Welle für eine Maschine – anfertigen, drehen
neue Gaststätte – bauen, erbauen
Eier – erzeugen
Hufeisen – anfertigen, schmieden

Verben des Reinigens

Ü 1. 1) badet, 2) badet, wäscht, 3) fegen, 4) wäscht, spült, 5) wäscht, 6) wischen, fegen, 7) harkt, 8) spült, 9) spült, 10) wischt, fegt

Ü 2. 1) ausgefegt, 2) absaugen, 3) ausgebürstet, 4) abgefegt, 5) abgefegt, 6) ausbürsten, 7) ausfegen, 8) saugt ...ab

Ü 3. 1) abgeschminkt, 2) abgetrocknet, 3) entgräten, 4) abgewischt, 5) abgeschminkt, 6) entkalken, 7) abgewischt, 8) entkalken, 9) abgetrocknet, 10) abgewischt.

Ü 4. 1) reibt ... ab, 2) saugt ... ab, 3) wäscht/putzt, 4) traten ... ab, 5) spülen ... aus, 6) spült ... ab, 7) putzt ... aus, 8) entschlackt, 9) fegt/kehrt, 10) wischt ... ab

Ü 5. a) baden, duschen, spülen, waschen
b) abbürsten, abkehren, absaugen, ausfegen, fegen

Ü 6. a) entgräten
b) abwischen, ausputzen, entkalken, entschlacken

  c) abschminken, abwischen
  d) putzen

Ü 7. a) abbürsten – die Bürste, abseifen – die Seife,
  ausfegen – der Feger, ausklopfen – der Ausklopfer,
  abtreten – der Abtreter, harken – die Harke
  b) entgräten – die Gräte, entkalken – der Kalk,
  entschlacken – die Schlacke

Ü 8. waschen: die Wäsche, das Hemd, die Strümpfe, das Auto, den Hund ...
  wischen: den Fußboden, das Zimmer, die Treppe, den Flur ...
  spülen: das Geschirr, die Gläser, die Wäsche, den Pulli ...

Ü 9. ausfegen: die Stube, die Werkstatt, das Zimmer, den Bungalow ...
  abbürsten: den Mantel, die Schuhe, das Kleid, den Hut ...
  absaugen: den Teppich, den Sessel, das Zimmer, den Platz ...
  harken: den Gartenweg, die Einfahrt, den Weg ...

Ü 10. abtrocknen: das Geschirr, die Gläser, das Kind, den Kranken ...
  ausputzen: den Ofen, das Rohr, den Herd ...
  entgräten: den Fisch, die Forelle, den Karpfen ...
  entkalken: die Waschmaschine, den Boiler, die Rohre ...

Ü 11. 1) jätet, 2) duscht, wäscht, badet, 3) wäscht, putzt, 4) spült, wäscht ...
  ab/auf, 5) putzt ... aus, 6) putzt

Ü 12. 1) den Teppich, die Polstermöbel, den Fußboden, das Zimmer ...
  2) das Auto, das Motorrad, das Fahrrad, das Moped ...
  3) die Scheiben, die Glasplatte, die Vitrine ...
  4) die Füße, die Schuhe, die Stiefel ...
  5) den Mantel, den Sessel, die Decke ...
  6) den Fisch, den Zander, die Forelle ...
  7) den Körper, den Organismus, das Blut
  8) das Blumenbeet, die Rabatte, das Frühbeet

Literaturverzeichnis

1. Wörterbücher

AGRICOLA, CH./AGRICOLA, E. 1984. Wörter und Gegenwörter. Antonyme der deutschen Sprache. Leipzig.
DER SPRACHBROCKHAUS. 1981. Deutsches Bildwörterbuch. Wiesbaden.
DEUTSCHE SYNONYME. 1963. Hrsg. von M. G. ARSENJEWA, A. P. CHASANOWITSCH und D. B. SAMTSCHUK. Leningrad.
DORNSEIFF, F. 1965. Der deutsche Wortschatz nach Sachgruppen. Berlin.
DTV-WÖRTERBUCH DER DEUTSCHEN SPRACHE. 1981. Hrsg. von G. WAHRIG in Zusammenarbeit mit zahlreichen Wissenschaftlern und anderen Fachleuten. München.
ENGEL, U./SCHUMACHER, H. 1978. Kleines Valenzlexikon deutscher Verben. Tübingen.
HELBIG, G./SCHENKEL, W. 1983. Wörterbuch zur Valenz und Distribution deutscher Verben. Leipzig.
KIEFT, P. o. J. Deutsche Synonyme. Ein Nachschlagebuch für angehende Deutschlehrer. Zutphen.
MELDAU, R. 1978. Sinnverwandte Wörter und Wortfelder der deutschen Sprache. Ein Handbuch für den Deutschunterricht mit einer Einführung von W. KLUGE. Paderborn.
SCHÜLERDUDEN. 1977. Die richtige Wortwahl. Ein vergleichendes Wörterbuch sinnverwandter Ausdrücke. Bearbeitet von W. MÜLLER. Mannheim; Wien; Zürich.
STILWÖRTERBUCH. 1966. Verfaßt von den Germanisten des Instituts für Sprachpflege und Wortforschung der Friedrich-Schiller-Universität Jena, geleitet von H. BECKER, unter Mitarbeit von R. ROTHE. Leipzig.
SYNONYMWÖRTERBUCH. 1986. Sinnverwandte Ausdrücke der deutschen Sprache. Hrsg. von H. GÖRNER und G. KEMPCKE. Leipzig.
WAHRIG, G. 1980. Deutsches Wörterbuch. Mit einem „Lexikon der deutschen Sprachlehre". Mosaik Verlag. o. O.
WEHRLE, H.; EGGERS, H. 1968. Deutscher Wortschatz. Ein Wegweiser zum treffenden Ausdruck. 2 Teile. Frankfurt (Main).
WIE SAGT MAN ANDERSWO? 1983. Landschaftliche Unterschiede im deutschen Sprachgebrauch. Von W. SEIBICKE. Mannheim; Wien; Zürich.
WÖRTERBUCH DER DEUTSCHEN GEGENWARTSSPRACHE. 1966 ff. Hrsg. von R. KLAPPENBACH und W. STEINITZ. Berlin.
WÖRTER UND WENDUNGEN. 1985. Wörterbuch zum deutschen Sprachgebrauch. Hrsg. von E. AGRICOLA unter Mitwirkung von H. GÖRNER und R. KÜFNER. Leipzig.

2. Abhandlungen

AGRICOLA, E. 1982. Ein Modellwörterbuch lexikalisch-semantischer Strukturen. In: Wortschatzforschung heute. Aktuelle Probleme der Lexikologie und Lexikographie. Linguistische Studien. Leipzig. S. 9–22.

DEUTSCHE SPRACHE. 1983. Kleine Enzyklopädie. Leipzig.
GRUNDZÜGE EINER DEUTSCHEN GRAMMATIK. 1984. Von einem Autorenkollektiv unter Leitung von K. E. HEIDOLPH, W. FLÄMIG und W. MOTSCH. Berlin.
HAPPE, C. 1982. Semantik und Valenz deutscher Verben des Produzierens. Diss. A (hekt.). Güstrow. 166 S.
HELBIG, G. 1983. Valenz und Lexikographie. In: Deutsch als Fremdsprache. Leipzig. 20. Jg. Heft 3. S. 137–143.
HUNDNURSCHER, F./SPLETT, J. 1982. Semantik der Adjektive des Deutschen. Analyse der semantischen Relationen. Opladen.
NEUMANN, P. 1979. Semantik und Valenz von Verben des Besitzwechsels im Deutschen. Diss. A (hekt.). Güstrow. 156 S.
PROJEKTGRUPPE VERBVALENZ. 1981. Konzeption eines Wörterbuchs deutscher Verben. Zur Theorie und Praxis einer semantisch orientierten Valenzlexikographie (= Forschungsberichte des Instituts für deutsche Sprache Mannheim, Band 45). Tübingen.
RJUMINA, A. N. 1983. Zur syntaktischen und semantischen Valenz in der Wortbildung deutscher Verben des Verbindens. In: Deutsch als Fremdsprache. Leipzig. 20. Jg. Heft 4. S. 219–227.
SCHIPPAN, TH. 1987. Lexikologie der deutschen Gegenwartssprache. Leipzig.
SOMMERFELDT, K. E./STARKE, G. 1984. Grammatisch-semantische Felder der deutschen Sprache der Gegenwart. Leipzig.
VIEHWEGER, D. 1982. Die Darstellung semantischer Vereinbarkeitsbeziehungen zwischen lexikalischen Elementen im einsprachigen Wörterbuch des Deutschen. In: Wortschatzforschung heute. Aktuelle Probleme der Lexikologie und Lexikographie. Linguistische Studien. Leipzig. S. 23–41.
VIEHWEGER, D. 1983. Wege zu einem neuen Typ von Bedeutungswörterbüchern. In: zeitschrift für germanistik. Leipzig. 4. Jg. Heft 3. S. 261–277.

Register

A

abbürsten 108
abfegen 109
abheben, sich 29
abkehren 108, 109
ablaufen 13
abreiben 108, 109
absaugen 108, 109
abschmecken 91, 92
abschminken 108, 109
abseifen 108, 110
abspielen, sich 13, 14
abspülen 108, 110
abstechen 29
abtreten, sich 108, 110
abtrocknen 108, 110
abwaschen 108, 111
abweichen 29
abwischen 108, 111
ähneln 28, 30
akzeptieren 52, 53
anfertigen 100, 101
angucken 78
ankündigen 37
anleiten 60, 61
annehmen 53
anschauen 78
anschwellen₁ 21, 22
anschwellen₂ 22
ansehen 78
ansichtig werden 77, 78
Ansicht
   gleicher A. sein 53, 54
ansteigen 22
anwachsen 21, 23
anweisen₁ 60, 61
anweisen₂ 60, 61
Anweisung
   eine A. erteilen 60, 61
Antwort
   eine positive A. geben 52
argumentieren 46, 47

Arme
   in die A. laufen/rennen 70
aufessen 91, 92
aufhorchen 78, 79
aufwaschen 108, 111
ausbürsten 108, 111
ausdehnen, sich₁ 22, 23
ausdehnen, sich₂ 22, 23
auseinandersetzen 37
ausfegen 108, 112
auskehren 108, 112
ausklopfen 108, 112
ausputzen 108, 112
ausspülen 108, 112
austrinken 91, 92
ausweiten, sich₁ 22, 23
ausweiten, sich₂ 22, 24

B

Bad 108
   ein B. nehmen 108
baden 108, 113
bauen₁ 100, 101
bauen₂ 100, 101
beauftragen 60, 61
befehligen 60, 62
Befehlsgewalt
   die B. haben 60, 62
begeben, sich 14
begegnen 70
beglaubigen 53
begründen 46, 47
begrüßen 53, 54
beichten 37, 38
beipflichten 53, 54
bejahen 37, 38, 53, 54
bekanntgeben 36, 38
bekennen 37, 38
bekennen, sich 53, 57
belauschen 78, 79
bemerken 77, 79
beobachten 78, 80
berichten 37, 39

beschauen 78, 80
bescheinigen 53, 55
beschreiben 37, 39
bestätigen 53, 55
bestellen 37, 39
betrachten 78, 80
bevormunden 60, 62
Beweis
   den B. führen/liefern/antreten 46, 49
   unter B. stellen 46
beweisen 37, 39, 46
beweisen₁ 47
beweisen₂ 47
bezeugen 53, 55
billigen 52, 56
blicken 78, 80

D

decken, sich 28, 30
dementieren 46, 48
differieren 29, 30
dirigieren 60, 62
divergieren 29, 31
drehen 100, 101
Dusche
   eine D. nehmen 108
duschen 108, 113

E

einfinden, sich 70, 71
Einklang
   im E. stehen 28, 31
einsetzen 13, 14
einstellen, sich 70, 71
eintreten 13, 14
einverstanden sein 52
empfinden 78, 80
entdecken 77, 81
entgräten 108, 113
entkalken 108, 113
entkräften

eine Aussage e./erschüttern 46, 50
entschlacken 108, 113
entsprechen 28, 31
erbauen 100, 102
erblicken 77, 81
ereignen, sich 13, 15
erschüttern
　eine Aussage e./entkräften 46, 50
erfolgen 13, 15
ergeben, sich 13, 15
erhöhen, sich 21, 24
erklären₁ 37, 39
erklären₂ 36, 40
erlauschen 78, 81
erläutern 37, 40
ertasten 78, 81
erzählen 37, 40
erzeugen 100, 102
essen₁ 91, 92
essen₂ 92, 93

F

Fäden
　die F./Zügel in der Hand haben 60
falsifizieren 46, 48
fegen 108, 114
folgern 46, 48
fressen₁ 91, 93
fressen₂ 91, 93
frühstücken 91, 94
fühlen 78, 82
führen₁ 60, 63
führen₂ 60, 63
Führung
　die F. innehaben 60
füttern₁ 92, 94
füttern₂ 92, 94

G

gaffen 78, 82
gängeln 60, 63
gebieten₁ 60, 63
gebieten₂ 60, 64
Gegensatz
　im G./Kontrast/Widerspruch stehen 29, 31
Geige
　die erste G. spielen 60

gemein haben 28, 32
genehmigen 53, 56
geschehen₁ 13, 15
geschehen₂ 13, 16
Geschicke
　die G. des Landes bestimmen 60
gestehen 37, 40
gewahren 77, 82
gewahr werden 77, 82
gießen 100, 102
gleichen 28, 32
gleichziehen 28, 32
glotzen 78, 83
gutheißen 52, 56

H

häkeln 100, 102
harken 108, 114
harmonieren 28, 32
Herrschaft
　die H. innehaben/ausüben 60
herrschen 60, 64
herstellen 100, 103
hinterbringen 37, 41
hobeln 100, 103
horchen 78, 83
hören 78, 83

I

informieren 36, 41

J

jäten 108, 114

K

kauen 91, 94
kehren 108, 114
klopfen 108, 114
knabbern 91, 95
kommandieren 60, 64
Kommando
　das K. haben 60
kongruieren 28, 32
Kontrast
　im K./Gegensatz/Widerspruch stehen 29, 31
kontrastieren 29, 33

konvergieren 28, 33
korrespondieren 28, 33
kosten 91, 95

L

lauschen 78, 84
leiten 60, 65
Leiter sein 60
Leitung
　die L. haben 60
lenken 60, 65
löffeln 91, 95
lugen 78, 84
lutschen 91, 95

M

Macht
　die M. besitzen 60
mästen 92, 96
mauern 100, 103
Meinung
　derselben M. sein 53
melden 37, 41
mitteilen 36, 41
montieren 100, 103

N

Nachweis
　den N. führen 46, 49
nachweisen 46, 49
nahekommen 28, 33
nähen 100, 103

P

passen 28, 33
passieren₁ 13, 16
passieren₂ 13, 16
produzieren 100, 104
putzen 108, 115

R

ratifizieren 53, 56
recht geben 52
regeln 60, 65
regieren 60, 65
regulieren 60, 66
reinigen 108, 115
Richtigkeit

133

die R. anerkennen 53
riechen 78, 84
Ruder
   am R. sein 60

S

sägen 100, 104
sammeln, sich 70, 71
sanktionieren 52, 57
saubermachen 108
säubern 108, 115
saufen$_1$ 91, 96
saufen$_2$ 91, 96
scharen, sich 70, 71
schauen 78, 84
schildern 37, 42
schließen 46, 49
schlürfen 91, 96
Schluß
   zu dem S. kommen 46, 50
   den S. ziehen 46, 50
schlußfolgern 46, 49
Schlußfolgerung
   die S. ziehen 46, 50
schmecken 78, 85
schmelzen 100, 104
schmieden 100, 104
Schmutz
   vom S. befreien 108
   den S. entfernen 108
schneidern 100, 104
schnitzen 100, 105
schnuppern 78, 85
sehen 77, 85
sichten 77, 85
spähen 78, 86
speisen$_1$ 91, 97
speisen$_2$ 92, 97
Spitze
   an der Spitze stehen 60
spülen 108, 116
spüren 78, 86
Stabführung
   unter der S. von 60
starren 78, 86
stattfinden 13, 16
steigen 22, 24

stieren 78, 86
stricken 100, 105

T

Ton
   den T. angeben 60
treffen 70, 72
treffen, sich 70, 72
trinken 91, 97

U

übereinstimmen 28, 34
übermitteln 37, 42
unterscheiden, sich 29, 34

V

verantwortlich sein 60
verbieten 42
verdampfen 100, 105
verdichten, sich 22, 24
verkosten 91, 97
verkünden 36, 42
verlaufen 13, 17
vermehren, sich 22, 24
vernehmen 78, 86
verneinen 37, 43
verpflegen 92, 97
verraten 37, 43
versammeln, sich 70, 72
verspeisen 91, 98
verspüren 78, 87
verstärken, sich 22, 25
verstehen 78, 87
verwalten 60, 66
verzehren 91, 98
vollziehen, sich 13, 17
vonstatten gehen 13, 18
vorfallen 13, 17
vorkommen 13, 18
vorschlagen 37, 43
vor sich gehen 13, 17
vorstehen 60, 66
vortragen 36, 43

W

Waage
   sich die W. halten 28, 34
wahrnehmen 77, 87
waschen 108, 116
Weg
   über/in den W. laufen 70
widerfahren 13, 18
widerlegen$_1$ 46, 50
widerlegen$_2$ 50
widersprechen 29, 34
Widerspruch
   im W./Gegensatz/Kontrast stehen 29, 31
wischen$_1$ 108, 116
wischen$_2$ 108, 117
wittern 78, 87

Z

zeigen 60, 66
zugehen 13, 18
Zügel
   die Z./Fäden in der Hand haben 60
zugucken 78, 88
zunehmen$_1$ 22, 25
zunehmen$_2$ 22, 25
zunehmen$_3$ 22, 25
zusagen 37, 44
zusammenbauen 100, 105
zusammenfallen 28, 35
zusammenfinden, sich 70, 73
zusammenkommen 70, 73
zusammenlaufen 70, 73
zusammenrotten, sich 70, 74
zusammenscharen, sich 70, 74
zusammenströmen 70, 74
zusammentreffen 70, 74
zusammentreten 70, 74
zuschauen 78, 88
zusehen 78, 88
zustimmen 52, 57
Zustimmung
   seine Z. geben 52
zustoßen 13, 19
zutragen, sich 13, 19